# EDITORIAL

### Liebe Leserin, lieber Leser,

PARIS IST EINE EWIGE STADT. Wie Rom oder Jerusalem, und doch anders. Nicht bauliche Spuren vergangener Zivilisationen sind es, die an der Seine der Zeit zu trotzen scheinen, sondern einige unabänderliche Ideen von Paris. Allen voran der Gedanke, dass, sollte der liebe Gott wirklich in Frankreich wohnen, das himmlische Gebiet um Notre-Dame logischerweise seine Hauptstadt sein muss. Was dann auch erklärt, weshalb Paris für den perfekten Zaubertrank aus Eleganz, Feingeist, Romantik stehen und als rettender Kontrapunkt zum Einheitsbrei der Global City dienen kann: als letzter urbaner Zufluchtsort für Seele und Sinne – befreiend anders, auf ewig.

So viel zur Idee von Paris. Die Wirklichkeit zeigt sich weniger eindeutig. Auch Paris, das werden Sie in dieser Ausgabe gründlich bestätigt finden, sucht sich selbst. Verliert es sich hier und da, rückt es instinktiv zurück in die Nähe bewährter Mythen. Etwa die Welt der schönen Künste mit und ohne Mona Lisa. Oder die Magie der *Parisienne*. Oder die kompromisslose Leidenschaft für das Spitzen-Baguette als Abwehrwaffe gegen den Einheitsgeschmack. Und doch: Auch die zwei Millionen Pariser im Kern der Stadt wissen, dass es so nicht ewig weitergehen kann. Weil die Ausgegrenzten, deren Menge fast das Vierfache beträgt, ungeduldig vor den Toren der Lichterstadt harren. Die Vorstadtbewohner fordern ihren Anteil an Paris: bessere Berufschancen, mehr Konsum, ein lebenswertes Leben für die Immigranten und ihre Kinder. Um den sich zuspitzenden Konflikt zu entschärfen, planen Architekten „Le Grand Paris", in dem um das Jahr 2050 zwölf und mehr Millionen Menschen wohnen sollen. Wie in dieser Megastadt die Pariser Ewigkeit bewahrt werden könnte – darum geht es im Grunde heute schon.

Herzlich Ihre

**Stéphane Compoint** nutzte am Eiffelturm eine ferngesteuerte Kamera, die er per Helium-Ballon in Position brachte. **Katharina Peters** recherchierte mindestens auf Sattelhöhe. Die Basisarbeit lag bei Heftredakteur **Michael Stührenberg**, der nach 36 Jahren in Paris nicht nur den besten Baguette-Bäcker persönlich kennt

Mehr Paris im Internet unter www.geo-special.de/paris

## 28
**PARIS PLAGES:** Wo Sommer in der Stadt nicht mit Geld zu bezahlen ist

## 16
**EIFFELTURM:** Das französische Wahrzeichen ist momentan fest in Rumänen-Hand. Besuch an einem Arbeitsplatz hoch über der Seine

## 90
**LE GRAND PARIS:** Höher, grüner, dichter. Visionen für die Stadt von morgen

## 108
**TRIUMPHBOGEN,** Notre-Dame und Louvre. Wo steht man am längsten an?

AUGUST 2010  INHALT

**56**
LA PARISIENNE: Exotisch, farbenprächtig, exzentrisch. Eine kleine Typologie der Hauptstadtbewohnerin

## THEMEN

**16 Den müssen sie streichen**
Alle sieben Jahre bekommt der Eiffelturm frische Farbe. Ein GEO-Team war angeseilt dabei

**26 Turmhoch vorn**
Wie sich die 397 Souvenirläden über die Stadt verteilen – und was uns das sagt

**28 Vive la vie!**
Über sommerliche Erlebnisse, die mehr wert sind, als sie kosten

**40 Ohne Lisa**
Es muss nicht immer der Louvre sein. Die besten musealen Alternativen samt Kunstpausen

**50 Der Maßstab von Paris**
Hochgenuss für einen Euro: Ein Senegalese zaubert das köstlichste Baguette der Stadt

**56 Die Pariserin**
Für was sie heute lebt, wie sie wohnt, wen sie liebt

**66 Von Mythen und Märchen**
Kaum irgendwo kommen sich Klischee und Wirklichkeit näher als in Paris. Warum ist das so?

**72 Krieg der Paläste**
Pariser Luxushotels haben eines nicht mehr im Überfluss: Gäste

**82 Aïcha und ihre Kinder**
Wie eine Familie in der Albtraum-Vorstadt Epinay-sur-Seine ihr Leben meistert

**90 Zukunft findet Stadt**
Große Ideen verlangt Präsident Sarkozy für Paris – und hohe. Die Vision heißt: Le Grand Paris

**98 Der Wald in unserem Leben**
Über den mit Abstand schönsten Pariser Park und sein Innenleben

**108 Schlange verstehen**
Louvre, Triumphbogen, Centre Pompidou. Tipps für das klügere Warten

**146 Interview**

## RUBRIKEN

**3** Editorial
**6** Kompass
**144** Leserbriefe, Impressum
**145** Vorschau

**40**
MUSÉE CARNAVALET: Schätze aus der Stadtgeschichte

**82**
WOHNHAFT IN DER BANLIEUE: Aïcha Traore aus Mali

### dossier

**119** Geschichte: Die Stadt, die das Land dominiert
**122** Was gerade in Pariser Küchen vor sich geht
**123** Von Katakomben, Kunstraub und Kulissen
**125** Wie Paris zur grünen Stadt werden will

### service

**127** Herumkommen und hineinkommen
**128** Sieben perfekte Tage: Eine Pariserin führt um den Louvre, durch Saint-Germain, das Marais, über die Inseln, rund um Montmartre, nach Ménilmontant und zur neuen Nationalbibliothek
**142** Karte: Paris im Überblick

TITEL: PAUL HARDY, EIFFELTURM    REDAKTIONSSCHLUSS: 15. JULI 2010

# \* kompass

Paris versteht es, seine Höhepunkte in bestes Licht zu setzen: ob Sacré-Cœur oder die Säule der Bastille

# LEUCHTENDE BEISPIELE

Scheinwerfer auf Paris, die Lichterstadt – und auf einen Mann, der hier seit Jahrzehnten zu Unrecht im Schatten steht

**VOR 700 JAHREN** befahl König Philipp V., drei Orte in Paris die ganze Nacht über durch Kerzen zu erleuchten. So fing es an. Heute hat die Lichterstadt ihren Preis: 200 000 Euro, sagt François Jousse, gebe die Verwaltung der Seine-Metropole allnächtlich für deren Erstrahlen aus. Jousse muss es wissen. Wie kein anderer hat der 67-Jährige als Beleuchtungsexperte rund 300 Pariser Monumente, Brücken und Boulevards ins Licht gerückt – sei es durch technische Wunder wie die 20 000 „Blinkfeuer" am Eiffelturm, sei es durch einfache Straßenlaternen für schummerige Romantik. Jousses Devise: „Richte das Licht nur auf sein Ziel, nirgends anders hin!" Ganz so einfach ist es wohl doch nicht. Immer war der krausbärtige Ingenieur versucht, das jeweilige Objekt durch Licht nicht allein hervorzuheben, sondern es dabei auch zu interpretieren.

Beispiel: Sacré-Cœur. Die Basilika auf Montmartre gehört nach Jousses Einschätzung weiß Gott nicht zum Schönsten, was Paris zu bieten hat: „zu bombastisch, völlig überladen!" Kein Monument, das durch gleißendes Rampenlicht herausgestellt werden müsse. Im Gegenteil: „Ich richtete das Hauptlicht nicht auf die große Kuppel, sondern die vier sie umgebenden Türme, damit sie ihren Schatten auf die Kuppel werfen und diese ein wenig verbergen."

Beispiel: Notre-Dame. Deren Südfassaden-Beleuchtung wurde 2006 neu gestaltet. Dabei erwiesen sich die Verhandlungen mit der Kirche als schwierig: „Wir wollten die Fenster der Kathedrale von innen beleuchten, auf dass ihre farbliche Pracht zur Geltung komme. Die Priester verfluchten die Idee als Sakrileg. Behaupteten, wir wollten Notre-Dame in ein Disneyland verwandeln." Schließlich lenkte Jousse das intensivste Licht nicht auf das gotische Hauptgebäude, sondern auf die seitlich davon angelegten Strebebögen: „So sieht man, dass Notre-Dame solide in Paris verankert ist." Völlig einleuchtend! Bis jemand auf die Idee kommen wird, ganz andere Lichtblicke zu werfen. François Jousse ist nun pensioniert.

François Jousse

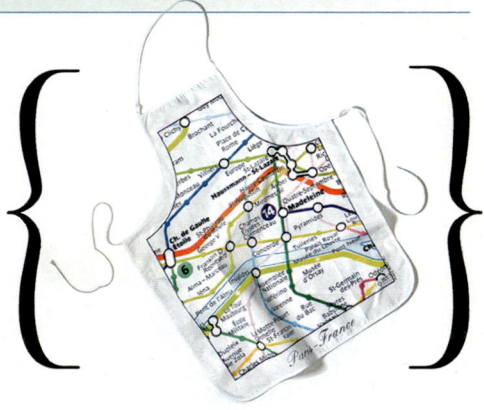

## FUNDSTÜCK
### SCHÜRZE FÜR PLANLOSE

**AUS PARIS AUSGERECHNET EINE SCHÜRZE** mitzubringen ist weniger abwegig, als es auf den ersten Blick erscheint. Denn diese spezielle Schürze zieren schon vom ersten Tag an höchst erwünschte Flecken: die Stationen des Metronetzes nämlich mit ihren kuriosen Namen von Oberkampf bis Bonne Nouvelle, frohe Nachricht. Besonders gelungen ist die Verquickung von Haute Cuisine und Untergrund im Falle der Linie 14. Deren Endhaltestelle befindet sich ungefähr auf Höhe des Magens, also im 8. Pariser Arrondissement. Dass die Station Madeleine, vom aktuellen Metroplan abweichend, fett gedruckt ist, beruht mitnichten auf bloßem Bauchgefühl. Denn den U-Bahnhof unter der gleichnamigen Säulenkirche zu verlassen bedeutet, mit den erlesensten Spezialitäten der Hauptstadt auf Tuchfühlung zu gehen: Unmittelbar am Ausgang bietet der Feinkosthändler Fauchon seine kostbaren Waren feil: Trüffelöl, Himalayasalz, Mandelgebäck und die größten der Bordelaiser Grands Crus. Die fette Madeleine auf Ihrer neuen Schürze verpflichtet Sie aber nicht zur Gourmetküche. Sie bietet ebenso Anlass, einfach selbst fette Madeleines zuzubereiten: die französischen Nationalküchlein, flink aus Ei, Mehl und Butter zusammengerührt. Und bitte nicht angesichts der Schlichtheit des Rezepts verächtlich die Lippen schürzen: Die Pariser sind ganz verrückt nach diesen Sandkuchen.

*Die **Netzschürze** für 21,85 € und andere Accessoires für Planlose gibt es in der Boutique Métro & Bus in der Station Châtelet-Les Halles oder unter www.souvenirs-metro.fr.*

# \*kompass

# FOTOSCHULE

## Wahrzeichen

La Tour Eiffel lässt so manchen auch ganz ohne Eintrittsticket in die Höhe gehen: Wie nur den Liebling samt Liebster davor gleichzeitig in günstiges Licht setzen? Dabei muss ein Entweder-oder gar nicht sein, meint der in Paris lebende Fotograf Kai Jünemann

❶ Wenn Sie der **STANDARD-EINSTELLUNG** Ihres Fotoapparats die Arbeit überlassen, erscheint das Blitzlicht auf der Person schnell zu hart, der Turm im Hintergrund versinkt bei kurzen Verschlusszeiten im Dunkeln (Beispiel oben). Wer mehr will, sollte ausgleichen: Licht vom Vordergrund nehmen, dem Hintergrund geben. Wie?

❷ Im Vordergrund: Die Person an dunkler Stelle platzieren und das **BLITZLICHT** „weicher" machen. Je nach Blitz kann man indirekt beleuchten oder einen Diffusor vorklappen. Bei Digitalkameras finden Sie oft bei den Automatik-Einstellungen eine entsprechende Option.

❸ Für den Hintergrund: die **BLAUE STUNDE** nutzen, also den Übergang vom Tag zur Nacht, in dem der Himmel tiefblau leuchtet – und mit längeren **VERSCHLUSSZEITEN** (siehe unten) experimentieren, um zusätzlich zum Blitz so viel natürliches Licht wie möglich einzufangen. Damit der Eiffelturm dabei nicht verwackelt, gehört die Kamera auf ein **STATIV**. Wenn das nicht zur Hand ist, tut es auch eine Mauer, ein Mülleimer. Oder Sie halten beim Auslösen die Luft an.

❹ Wer noch weiter optimieren will: Um nicht auf zu lange Belichtungszeiten zu kommen oder die Blende ganz öffnen zu müssen, kann man bei den meisten Kameras die **ISOZAHL** erhöhen – und damit die Lichtempfindlichkeit steigern. Werte zwischen 400 und 800 Iso sind problemlos machbar.

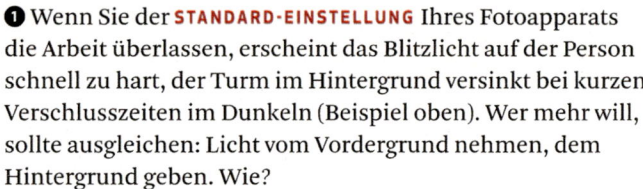

> Weltweit zuhause. Das comdirect Girokonto mit Zufriedenheitsgarantie[1]:

**50 € WENN SIE UNS MÖGEN. 100 € WENN NICHT.**

## Garantiert kostenlos. Ohne Mindestgeldeingang!

- Kostenlose Kontoführung
- Kostenlose ec-/Maestro- und Visa-Karte
- Kostenlos weltweit Bargeld abheben[2]
- Kostenloses Tagesgeld PLUS-Konto inklusive – mit attraktiven Zinsen

**WELTWEIT KOSTENLOS BARGELD ABHEBEN![2]**

**.comdirect**
Ihr Geld kann mehr

www.comdirect.de
01803 - 44 45[3]

[1] Details unter www.comdirect.de/zufriedenheitsgarantie  [2] Im Ausland an Geldautomaten mit der Visa-Karte, im Inland mit der ec-/Maestro-Karte an rund 9.000 Automaten der Cash Group.  [3] 0,09 Euro/Min. aus dem Festnetz, Mobilfunkpreis max. 0,42 Euro/Min.

## kompass

Gerichte-Küche

# EINFACH SÜSS

Sie gilt als wahrer Stern am Pariser Desserthimmel: die Tarte Tatin, benannt nach zwei Schwestern, denen einst ein Missgeschick passierte. Bis heute wird der Tortentraum deshalb mit der Unterseite zuoberst gebacken und dann gestürzt

**FREI NACH CAROLINE UND STÉPHANIE TATIN:** ❶ 50 g Zucker, 100 g Butter, 150 g Mehl und eine Prise Salz zu einem Mürbeteig verkneten. In Klarsichtfolie wickeln und eine Stunde kalt stellen. ❷ Kaltes Wasser mit dem Saft einer halben Zitrone bereitstellen. Drei große Boskop-Äpfel schälen, vierteln, entkernen und in das Zitronenwasser legen. ❸ Teig auf leicht bemehlter Arbeitsfläche rund ausrollen, auf etwa 25 cm Ø. Auf ein flaches Blech legen, mit einer Gabel mehrmals einstechen und wieder kalt stellen. Äpfel abgießen und trocknen. Backofen auf 220 Grad vorheizen. ❹ 100 g Zucker am besten in einer schweren Pfanne aus Edelstahl (24 cm Ø) bei mittlerer Hitze hellbraun schmelzen. 80 g Butter und einen Spritzer Zitronensaft zugeben. Die Apfelviertel mit der gewölbten Seite nach unten dekorativ in den Karamell legen, bei mittlerer Hitze 15 Min. dünsten. Pfanne vom Herd nehmen, 10 Min. ruhen lassen. ❺ Den Mürbeteig zügig auf die Äpfel legen, und den Teigrand zwischen Äpfel und Pfannenrand leicht nach unten drücken. Die Pfanne in den Ofen schieben, zweite Schiene von unten. Bei 220 Grad 20 Min. backen. ❻ Pfanne aus dem Ofen nehmen und 10 Min. ruhen lassen. Teigrand mit einem Messer vom Pfannenrand lösen. Eine Tortenplatte umgekehrt auf die Pfanne legen. Pfanne mit gewagtem Schwung wenden. Und die Tarte tatin sofort servieren.

Ein ausführliches Rezept zum Ausdrucken finden Sie unter www.geo-special.de/paris

# \* kompass

„Wenn der liebe Gott sich im Himmel langweilt, dann öffnet er das Fenster und betrachtet die Boulevards von Paris."

Heinrich Heine

# ZAHLEN, BITTE!

Eine Taxifahrt vom Eiffelturm zu Notre-Dame kostet knapp **7** Euro – wenn alle Ampeln auf Grün stehen.

**66** Sterne-Köche gibt es in Paris, zehn von ihnen tragen die höchste Auszeichnung: drei Sterne. In ganz Deutschland sind es nur neun.

Der Großraum Paris hat zwar fast zwölf Millionen Einwohner. Nur **2,2** Millionen aber leben *intra muros*, innerhalb des Boulevard périphérique. Man erkennt ihren Standort an der **75** in der Postleitzahl.

Die Stadt ist **105** km² groß. Zum Vergleich: Berlin, wo knapp dreieinhalb Millionen Menschen leben, erstreckt sich über **892** km². Deutsche Städte in der Größenordung von Paris: Kassel, Koblenz, Oldenburg in Oldenburg.

Spanier in Spendierhosen: Touristen von jenseits der Pyrenäen sind die großzügigsten, sie lassen durchschnittlich **176,20** Euro täglich in Paris. Die Deutschen liegen mit **167,40** Euro auf Platz drei, davon gehen etwa **88** Euro für die Unterkunft ab. Sie sparen vor allem beim Shoppen: Mode oder Souvenirs sind ihnen nur **14,30** Euro wert, die Belgier geben beinahe doppelt so viel aus.

**84** Kinos gibt es in Paris, sie haben insgesamt **362** Leinwände und **69 212** Sitzplätze – die Bewohner der ersten drei Arrondissements könnten gleichzeitig ins Kino gehen. Es soll aber keiner sagen, die Pariser würden darüber das Theater vernachlässigen. Die Stadt hat mehr als **100** Bühnen.

Paris liegt auf **48°51'** nördlicher Breite und damit **82** Kilometer näher am Nordpol als München. Das bessere Wetter genießen die Pariser dennoch: im Juli bei durchschnittlich **19,1** Grad. **1,6** mehr als in München.

**3** Milliarden Passagiere sind jährlich im Großraum Paris mit Metro, Bus, Tram und dem Vorortzug RER unterwegs. Das Metronetz mit seinen **14** Linien und **300** Stationen ist **212** Kilometer lang.

Der Kaufpreis für einen Quadratmeter Wohnfläche im Altbau beträgt durchschnittlich **6246** Euro. Wer ins repräsentative 6. Arrondissement zieht, legt noch einmal knapp **3000** Euro drauf.

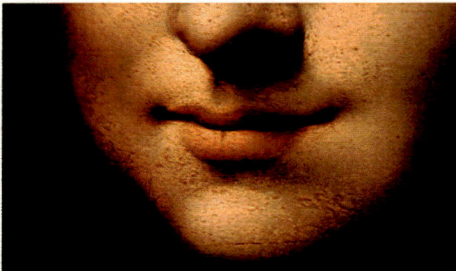

Schmallippig: Das viel gerühmte Lächeln der Mona Lisa ist gerade einmal **4,4** cm breit.

# kompass

## Drei Fragen an …
▶ PATRICK GRATIEN-MARIN
*Akkordeonspieler aus Leidenschaft*

**GEO SPECIAL:** Sie spielen täglich Akkordeon im Park, wollen aber kein Geld?
**PATRICK GRATIEN-MARIN:** Nein, ich übe doch nur. Mein Brotjob ist Kameramann beim französischen Fernsehen, aber vor drei Jahren hat mich das Akkordeon-Fieber gepackt. Natürlich auch, weil kein anderes Instrument Paris so perfekt ausdrückt wie dieses. Ich liebe es, seine Töne sind wie der Wind. Einfach aber ist Akkordeonspielen nicht. Am besten geht es noch in der freien Natur. Ein Glück, dass mir die Stadtverwaltung eine schriftliche Erlaubnis für ihre Parks erteilt hat.

**GS:** Wie reagieren Passanten?
**PG:** Unterschiedlich. Anfangs genierten sich manche. Sie wussten nicht, wie sie auf mich reagieren sollten. Taten so, als würden sie mich gar nicht bemerken. Oder suchten nach einem Teller oder einem Hut, um eine Münze hineinzuwerfen. Wenn sie merkten, dass ich kein Geld wollte, wurden sie noch unsicherer. Wahrscheinlich befürchteten sie, ich wäre verrückt.

**GS:** Das hat sich inzwischen geändert?
**PG:** Ja. Dank der Kinder. Immer sind es die Kleinen, die das Eis brechen. Sie starren mich mit großen Augen an, fangen an zu tanzen. Das Akkordeon fasziniert sie. Sie wollen es anfassen. Wollen selbst auf die Tasten drücken. Heute setzen sich ihre Eltern auf eine nahe Bank und lächeln mir zu. Ein Lächeln wie unter Komplizen. Denn sind nicht viele Pariser ein wenig verrückt?

## PARIS UNTER DEM HAMMER
Ein Auktionshaus versteigert, was die Stadt ausrangiert – darunter auch die ersten öffentlichen Toiletten der Grande Nation

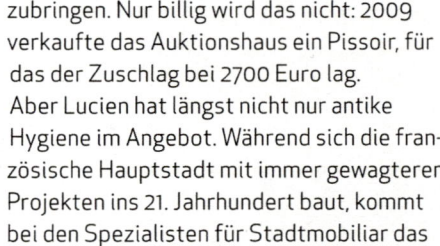

**DAS OBJEKT 182 AUS DEM KATALOG** des Auktionshauses Lucien ist nicht von ausgewählter Schönheit. Hungrig hat der Rost an dem gusseisernen Klotz gefressen. Und überhaupt ist und bleibt die Konjunktur für Straßen-Urinale aus der Zeit Napoleons III. flau; bisher gelang es nicht, den historischen Abort loszuschlagen. Es besteht also noch die Chance, ihn als Souvenir heimzubringen. Nur billig wird das nicht: 2009 verkaufte das Auktionshaus ein Pissoir, für das der Zuschlag bei 2700 Euro lag. Aber Lucien hat längst nicht nur antike Hygiene im Angebot. Während sich die französische Hauptstadt mit immer gewagteren Projekten ins 21. Jahrhundert baut, kommt bei den Spezialisten für Stadtmobiliar das romantische Paris unter den Hammer. Nicht alle Objekte im Auktionskatalog lassen sich so leicht in den eigenen Hausrat eingliedern wie das typische, blau-grün emaillierte Pariser Straßenschild aus der Rue de Belleville. Für bronzene Glocken aus dem 1971 geschlossenen Großmarkt von Les Halles oder ein Ensemble dreier Boulangerie-Theken aus weißem Marmor will der richtige Platz erst gefunden werden. Auch die drei Meter hohen Laternenpfähle, reich verziert und pechschwarz, taugen eher nicht zur Beleuchtung des trauten Heims: Die Masten aus dem späten 19. Jahrhundert werden mit Gas befeuert. Größere Praxistauglichkeit darf den hölzernen Bänken aus den frühesten Metrozügen beschieden werden. Im vergangenen Dezember hat ein Paar Sitzbänke 18000 Euro erzielt. Schnöder Mammon für einen Platz in der Pariser Stadtgeschichte.

## KÖNIGIN DER HERZEN
Touristen verbringen jährlich mehr als 34 Millionen Nächte in Paris – das macht die Stadt zur Nummer zwei in Europa

**SPITZENREITER** ist die Heimat der Queen: London ist mit mehr als 43 Millionen Übernachtungen pro Jahr eindeutig Touristenmagnet Nummer eins. Trostpflaster für Frankophile: Bei den Geschäftsreisenden liegt Paris vorn. Auch die Liebe der Deutschen zu Eiffelturm und Notre-Dame ist nicht so leicht zu erschüttern. Sie bleiben im Durchschnitt 5,65 Tage in Paris – und offenbar ist ihnen das längst nicht genug. 95 Prozent sagen „Oui!", wenn sie gefragt werden, ob sie wieder an die Seine kommen möchten.

# Den müssen

Als das stählerne Trumm 1889 fertiggestellt wurde, fanden die Pariser es fürchterlich. Trotzdem rückte bald das erste Streichkommando an. Denn schon Erbauer Eiffel hatte darauf hingewiesen, dass »Farbe ein wesentliches Element der Erhaltung« ist

# sie streichen

Nicht auszumalen: Paris ohne Eiffelturm. Deshalb bekommt das Wahrzeichen 2010 neue Farbe. Ein GEO-Team war angeseilt dabei und traf auf Männer, die nicht nur mit der schwindelerregenden Höhe kämpfen

FOTOS ¬ STÉPHANE COMPOINT   TEXT ¬ ARIEL HAUPTMEIER

Oberste Regel: Höchstens ein Farbtröpfchen darf fallen; Pinsel, Eimer, Mobiltelefone dagegen würden zu tödlichen Geschossen. Auch ein Grund, warum dieser Arbeiter keinen Blick für Trocadero und – am Horizont – die Hochhäuser von La Défense hat

## 60 Tonnen Farbe

tragen 24 Rumänen und eine Französin auf. Die Erosion schmirgelt 45 Tonnen wieder ab

**17 UHR. FEIERABEND.** „Ich brauche ein Bier", sagt Jimmy, marschiert in eine dieser feinen *épiceries* des 16. Arrondissements, kauft zwei Halbe und reißt die erste Dose auf dem Weg zur RER, der S-Bahn, auf. Blöder Tag heute. Morgens war er noch o. k., da hat Jimmy in den Verstrebungen über dem ersten Stock gehangen und gestrichen. Aber nachmittags wurde er von den griechischen Vorarbeitern unter die große Plattform beordert, dahin, wo der Taubendreck zentimeterdick klebt. Er musste ihn mit einer Bürste abschrubben. Das unbequeme Hängen im Sitzgurt, der Dreck, die beschlagene Schutzbrille… Jimmy schüttelt sich.

Als sie begannen, den Eiffelturm zu streichen, im März 2009, wie angenehm war die Arbeit da. Oben, nein, ganz oben im Himmel von Paris hingen sie an den Streben, 300 Meter über der Seine. Der weite Blick, der leichte Adrenalinrausch, und wie sauber die Turmspitze war, kein Rost, kein Taubenkot.

Jimmy, nun in der überfüllten RER sitzend, reißt die zweite Bierdose auf. Eben noch, als er im farbbespritzten Blaumann und in voller Klettermontur über das Marsfeld zur Umkleide schritt, machten Touristen Fotos von ihm. Von ihm, dem gelockten Hühnen, dem Helden des Eiffelturms. Jetzt dagegen blickt eine Dame im Kostüm den wilden Kerl indigniert an. Vieriu Florin heißt er mit richtigem Namen, ist 32 Jahre alt, kommt aus Botoșani, Rumänien, und streicht normalerweise Hochspannungsmasten →

GEO SPECIAL > PARIS 19

Auch wenn im Hintergrund der Invalidendom glänzt: Ernsthafte Blessuren zog sich bisher keiner der Anstreicher zu. Gegen kleinere, etwa Blasen, helfen Lederhandschuhe. 1000 Paar werden am Ende der aktuellen *campagne de peinture* verschlissen sein

Farbe bekommen Jimmy (rechts) und seine Kollegen nicht nur an sonnigen Tagen. Auch bei bedecktem Himmel werden sie bronzebraun: ein norwegisches Fabrikat, das besonders gut haftet

oder Hafenkräne. Aber nun haben ihn die Wirren des europäischen Arbeitsmarktes hierher gespült, ihn und 23 weitere Rumänen, die seit Monaten auf dem Eiffelturm herumturnen, um 60 Tonnen Farbe auf 18 038 Verstrebungen und 2,5 Millionen Nieten aufzutragen.

„Ich hoffe, dieser Job ist der Start einer Karriere für mich", sagt Jimmy. Denn kann nicht, wer hier am Seil gehangen hat, überall arbeiten? Als Fensterputzer an Dubais Burj Al Arab etwa, auf Ölplattformen. Den Eiffelturm kennt schließlich jeder. Die meistbesuchte Sehenswürdigkeit der Welt.

Jimmy nimmt in Choisy-le-Roi, einer dieser Vorstadt-Trostlosigkeiten, den Bus hinaus zur „AppartCity", einem Arbeiterwohnheim. Geht aber kurz noch bei Lidl vorbei, um einen Karton Fink-Bräu-Bier zu kaufen. Normalerweise setzt er sich nach dem Abendessen vor seinen Laptop, über den er mit seiner Frau und der kleinen Tochter telefoniert, und hört Death Metal, surft noch ein bisschen durchs Netz und geht dann früh ins Bett. Aber an diesem Abend steht eine Geburtstagsfeier an.

**22 UHR. PARTY.** Auf dem Tisch stapeln sich zähe, viel zu lang gegrillte Nackensteaks, aus Jimmys Laptop dröhnt „Sweet Child O' Mine" von Guns N' Roses, und ein Dutzend Männer und zwei Frauen im viel zu kleinen Dreibett-Arbeiterwohnheim-Zimmer singen mit: Marius, ein 28-jähriger Meteorologe, den alle Volt nennen, weil er bei einer Besteigung des Montblanc einen Blitzschlag überlebt hat. Noch ein Marius, auch 28 Jahre alt, ein besonnener Pfeifenraucher, der davon träumt, einen Siebentausender zu besteigen. Elodie, auch sie 28, die einzige Frau in der Malertruppe, die eigentlich Fallschirmjägerin werden wollte, die Aufnahmeprüfung auch glänzend bestand, aber dann abgelehnt wurde, weil sie „zu motiviert" gewesen sei. Und Madeleine, das rastalockige Geburtstagskind, 20 wird sie an diesem Tag. Bis vor einigen Woche strich auch sie den Eiffel- →

# 18 038 Verstrebungen, und das Pinselstrich für Pinselstrich

turm, kündigte dann aber, weil sie die griechischen Vorarbeiter nicht mehr ertrug: „Die behandeln uns wie Sklaven." Elodie hat ihr einen Bikini geschenkt, sie trägt ihn über Jeans und T-Shirt.

Und alle singen: „Oh oh oh sweet child o' mine. Oh oh oh oh sweet love of mine."

Großartig. Wie früher auf Klassenfahrt. Die wilden Rumänen, die genauso wilden Französinnen, Paris, der Eiffelturm, das Arbeiterwohnheim neben der Autobahn, dazu Axl Rose, der die Herzen verbindet. Es gibt in dieser Nacht wohl keinen herzlicheren Ort in der Stadt.

**NÄCHSTER TAG, 9.30 UHR.** Eiffelturm, 57 Meter über der Seine. Der Frühlingsmorgen ist hell und kühl. Auf der großen Plattform, unter der Jimmy den Taubendreck bearbeitet, steht Stéphane Roussin, der technische Direktor. Über ihm turnen einige Maler herum, gesichert an zuvor gespannten Seilen, streichen die Streben, umfahren mit dem Pinsel die Nieten, und noch mehr Nieten. Zwei Arbeiter klettern zwischen den Fahrschienen eines Aufzugs umher, durch ein schier unglaubliches Durcheinander von Metallstreben. Die sind verdreckt mit Staub und Öl, müssen abgebürstet und danach mit einem Lappen geputzt werden, Strebe für Strebe. Herkules. Sisyphos.

Am Boden, im Viereck zwischen den riesigen Pfeilern, wachsen allmählich die Menschenschlangen vor den Kassenhäusern, ringeln und kringeln sich zu immer neuen Schleifen. Und rechts und links und überall ist Paris, die Schöne, hell und heiter, die Zinndächer blitzen, da der Louvre, dort der Triumphbogen, 49 und einen halben Meter hoch und trotzdem, erklärt Monsieur Roussin, schwerer als der 324 Meter hohe Eiffelturm. Und das erklärt wohl auch das Schönheitsgeheimnis dieses Turms: die Mischung aus Leichtigkeit und Kraft, aus Transparenz und himmelstürmender Gewalt.

Seit drei Jahren trägt Roussin für den Eiffelturm die Verantwortung. Zuvor war er Pilot eines Kampfjets, Kapitän einer Fregatte, technischer Direktor des Flugzeugträgers Charles de Gaulle und dirigierte, als Mitglied des französischen Generalstabs, die Kriegsschiffe der Grande Nation durch den Indischen Ozean. Nun ist er beim Eiffelturm zuständig „für alles außer den Fahrstühlen". Um die nächtliche Beleuchtung kümmert er sich, um Großveranstaltungen und darum, dass weder Basejumper noch Selbstmörder vom Turm springen; darum, dass nichts fällt, wackelt oder rostet. Das Auffälligste an Roussin ist seine Ähnlichkeit mit George Clooney. Und: „Mein Vater sieht George Clooneys Vater zum Verwechseln ähnlich", sagt Roussin dann auch, fügt aber, ganz nüchterner Offizier, sogleich hinzu, dass all das kein bisschen schmeichle.

Monsieur, gestatten Sie die Frage: Was geschähe, wenn Terroristen ein Attentat verübten auf den Tour Eiffel? „Nichts", sagt Roussin. „Ein Flugzeug, das hineinrast, würde wie von Messerklingen zerschnitten, die Wucht der Explosion aber ginge durch das stählerne Fachwerk hindurch, ohne es zu beschädigen. Selbst wenn ein kompletter Pfeiler weggesprengt würde – der Turm bliebe stehen, weil ihn die Querverbindungen stützen. Man müsste zwei Pfeiler zerstören, um den Turm zu Fall zu bringen."

Ja, sagt Monsieur Roussin, *le monument* sei sehr haltbar. „Pflegt man den Turm, dann kann er so alt werden wie die Pyramiden."

Und darum wird er alle sieben Jahre gestrichen. 1889 weihte man den Eiffelturm ein, zum 100. Jahrestag der Französischen Revolution, damals das höchste Gebäude der Welt, eine Demonstration der technischen Überlegenheit Frankreichs. Das Publikum strömte, Künstler und Intellektuelle schimpften über die „tragische Straßenlaterne", den „düste-

Geschafft von einer alten Dame: Nach zweimal vier Stunden Überkopf-Arbeit sinken selbst die Eisenharten am Fuß der *dame de fer* in sich zusammen. So nennen die Pariser ihren Turm

## 60 Kilometer Seile

sichern die Arbeiter am Turm. Dass die Männer nach der Schicht aufs Gras fallen, verhindern sie nicht

Die 121 Jahre alte Stahlkonstruktion stellt alles in den Schatten, sogar in der Nacht: Dann funkeln zur vollen Stunde jene 20 000 spitzen Lampen, die den Streichern am Tag die Arbeit erschweren

ren Fabrikschornstein". 1892, drei Jahre später, der erste Anstrich. Man wählte Ockerbraun. Es folgten Rotbraun, Orangegelb, Kastanienbraun. Seit 1968 findet ein Bronzebraun Verwendung, norwegisches Fabrikat, ein Unikat, rechtlich geschützt, nur für den Eiffelturm hergestellt, äußerst haltbar und elastisch, damit es nicht abplatzt, wenn der Wind und die Sonne den Turm dehnen.

250 000 Quadratmeter, 60 Tonnen Farbe, die Witterung wird den Anstrich abschleifen über die nächsten sieben Jahre, aber nicht komplett. Insgesamt 250 Tonnen Farbe, schätzt Roussin, haben sich im Verlauf der bislang 18 Tünchen auf den Metallstreben angesammelt. Je dicker die Farbschicht, desto größer die Oberflächenspannung, die Farbe platzt leichter ab. „Eines Tages müssen wir den Eiffelturm komplett abschleifen", sagt Roussin. Aber wie, ohne ihn auf Jahre für die Öffentlichkeit zu sperren? Die Suche nach einer geeigneten Methode hat begonnen.

Der griechische Sicherheitsbeauftragte der Malertruppe kommt heran. Er hat in der Nähe ein Fotostativ gefunden, schief und krumm, es muss auf der Etage über uns, 115 Meter, einem Besucher aus der Hand gefallen sein. Ein tödliches Geschoss. Roussin will sofort die Videoaufzeichnungen anschauen lassen, vielleicht lässt sich der Täter ermitteln.

Dass etwas hinunterfällt, zum Schaden eines Gastes, das ist die größte Sorge. Alles, Pinsel, Farbeimer, noch ihr Mobiltelefon müssen die Maler an ihrem Klettergurt befestigen. Zu Beginn des Streichzugs ist einem Franzosen ein Karabiner aus der Hand gefallen, einem Touristen vor die Füße. Man entließ den Mann. Höchstens, allerhöchstens darf mal ein Tropfen Farbe in die Tiefe stürzen. Trifft er einen Touristen, nimmt nur dessen Kleidung Schaden. Und die kann er sofort säubern lassen: Neben einem der Kassenhäuschen wurde, für die Dauer der Renovierungsarbeiten, eine Schnellreinigung eingerichtet.

**12.15 UHR. MITTAGESSEN.** Aderito Dos Santos Baptista bestellt das Drei-Gänge-Menü, dazu einen Rotwein, dann schweigt er. Wir sitzen in einer der Nebenstraßen des Eiffelturms, in einem winzigen Restaurant, Baptista speist hier jeden Mittag. Er leitet zum fünften Mal die farbliche Auffrischung am Eiffelturm; er kennt, buchstäblich, jede Strebe. Während der ersten vier Anstriche war er bei einer französischen Firma angestellt. Doch dieses Mal gewann die →

# 6 500 000 Besucher
pro Jahr wollen auf dem Turm der Türme stehen. Ihre Tickets? Gedruckt auf zwei Tonnen Papier

»Ich habe Paris verlassen, weil mir der Eiffelturm allzu sehr auf die Nerven ging«, schrieb Schriftsteller Guy de Maupassant. Elodie, einzige Französin im Streichteam, sieht das anders

griechische Firma Stelma die europaweite Ausschreibung. Baptista kündigte bei seinem alten Arbeitgeber und heuerte bei Stelma an. „Weil er den Eiffelturm so sehr liebt", ist die offizielle Lesart, man kann sie in diversen Zeitungsartikeln nachlesen. Die Wahrheit ist profaner, Baptista lässt sie beim Hinausgehen fallen. Normalerweise streicht Stelma Schiffe und Schornsteine an, sei deswegen vom Riesenprojekt Eiffelturm hoffnungslos überfordert gewesen. „Erst als ich gekommen bin, ging es los", knurrt Baptista.

Damals, im Frühsommer 2009, waren noch einige Franzosen im Team. Inzwischen haben alle bis auf die blonde Elodie gekündigt. Wegen der mickrigen Bezahlung. 60 Euro netto, den französischen Mindestlohn, verdienen die Rumänen pro Tag, die Franzosen ein wenig mehr. Andere gingen wegen des harschen Tons, den die griechischen Vorarbeiter anschlagen. Einmal haben die Rumänen gestreikt, weil Stelma keine Nachtzuschläge zahlen wollte, und auch die Geburtstagsfeier am Abend zuvor wurde von einem längeren Anruf unterbrochen.

Der Chef der rumänischen Zeitarbeitsfirma war am Telefon. Stelma verlangt, dass die Rumänen ihre Kletterausrüstung selbst bezahlen und auch instand setzen, sie kostet 800 Euro, das sind zwei Drittel eines Monatslohns. Die Rumänen waren empört. Das sei ungerecht! Doch ihr Chef schlug sich, wie immer, auf die Seite von Stelma. Wem das nicht passe, der könne gehen.

Die Stimmung ist schlecht. Mauert die Pressestelle des Eiffelturms darum so konsequent? Es bedarf eines längeren Mailverkehrs, um schließlich einen halben Besuchstag bewilligt zu bekommen, an dem man den Malern zusehen, aber nicht mit ihnen sprechen darf.

Offiziell, um die Anstreicher nicht aufzuhalten. Oder um zu vermeiden, dass man zu viel erfährt von ihnen? Rumänische Leiharbeiter, die sich, am nationalen Wahrzeichen Frankreichs, von Griechen ausgebeutet fühlen – das ergäbe unschöne Schlagzeilen. Also sorgt man dafür, dass die Reporter keinen Kontakt mit den Rumänen haben; oder sie – allerhöchstens – nach dem Erlebniswert des Anstreichens fragen: Ob es nicht schön sei, hier oben zu arbeiten?

**17 UHR. FEIERABEND.** Also, Jimmy, eine letzte Frage: Findest du es nicht schön, hoch oben auf dem Eiffelturm zu arbeiten? Jimmy lacht. „Klar ist es schön. Aber davon kann ich mir nichts kaufen", sagt er. Und dann zückt er sein Handy und zeigt ein Foto, das er von weit oben gemacht hat, 280 Meter über der Seine: gewitterblau der Himmel, die Stadt im Sonnenlicht, und darüber gespannt, Paris beschirmend, ein doppelter Regenbogen. Ein Fest der Farbe. ■

**Ariel Hauptmeier**, 40, hatte zunächst nur die Erlaubnis, den Anstreichern vier Stunden lang zuzusehen – ohne mit ihnen zu sprechen. Am Ende nahm der schwindelfreie Kletterer (ganz rechts) weit mehr mit, auch Flecken auf seiner Jacke. Fotograf **Stéphane Compoint**, 49, nutzte seine an einem Ballon aufgehängte Kamera, siehe Seite 3.

# TURMHOCH VORN

Paris ist übersät mit Sehenswürdigkeiten von Weltrang. Ganz Paris? Nein, nicht einmal die 397 Souvenirläden der Stadt verteilen sich gleichmäßig auf die 20 Arrondissements

**D**AS PARIS-SOUVENIR schlechthin ist das goldglänzende Stadtsymbol am Schlüsselring, aber just zu Füßen des schärfsten Eiffelturm-Konkurrenten gibt es das größte Souvenirangebot: Um Sacré-Cœur, die zuckerweiße Krone des 18. Arrondissements, drängen sich 63 Souvenirläden, mehr als irgendwo sonst in Paris. Die Konjunktur für Andenken brummt ferner in den Arrondissements 1 und 4; sie bilden das touristische Zentrum der Stadt: Notre-Dame, Louvre, Tuilerien, Centre Pompidou. Auch mit dem Künstlerflair im Quartier Latin lässt sich Geld verdienen: Mit 47 Shops liegt der 5. Bezirk um Panthéon und Sorbonne auf Platz zwei.

Im eigenen Viertel dagegen gilt der Turm nichts – gerade mal zehn Andenkenhändler sind im 7. Arrondissement registriert. Auch am Seine-Ufer gegenüber, im schicken 8., immerhin Kulisse der Top-Sehenswürdigkeiten Champs-Élysées und Triumphbogen, sind es nur acht Läden. Offenbar ist hier kein Geld zu machen mit kitschigen Accessoires. Jedenfalls nicht mit billigen – die Designershops der Pariser Prachtstraße sind stets gut besucht.

Und vom 12. bis zum 20. Arrondissement gibt es, von Montmartre abgesehen, kaum Publikums- und damit auch wenige Kühlschrankmagneten. Am ärmsten von allen ist das 16. Arrondissement; sein Anteil am Reichtum der Stadt beträgt nicht einmal ein Prozent – bezogen auf die Souvenirhändler, natürlich. Ansonsten hängt man hier lieber Originale statt Kitsch auf: Am Bois de Boulogne residiert das vermögende Pariser Großbürgertum.

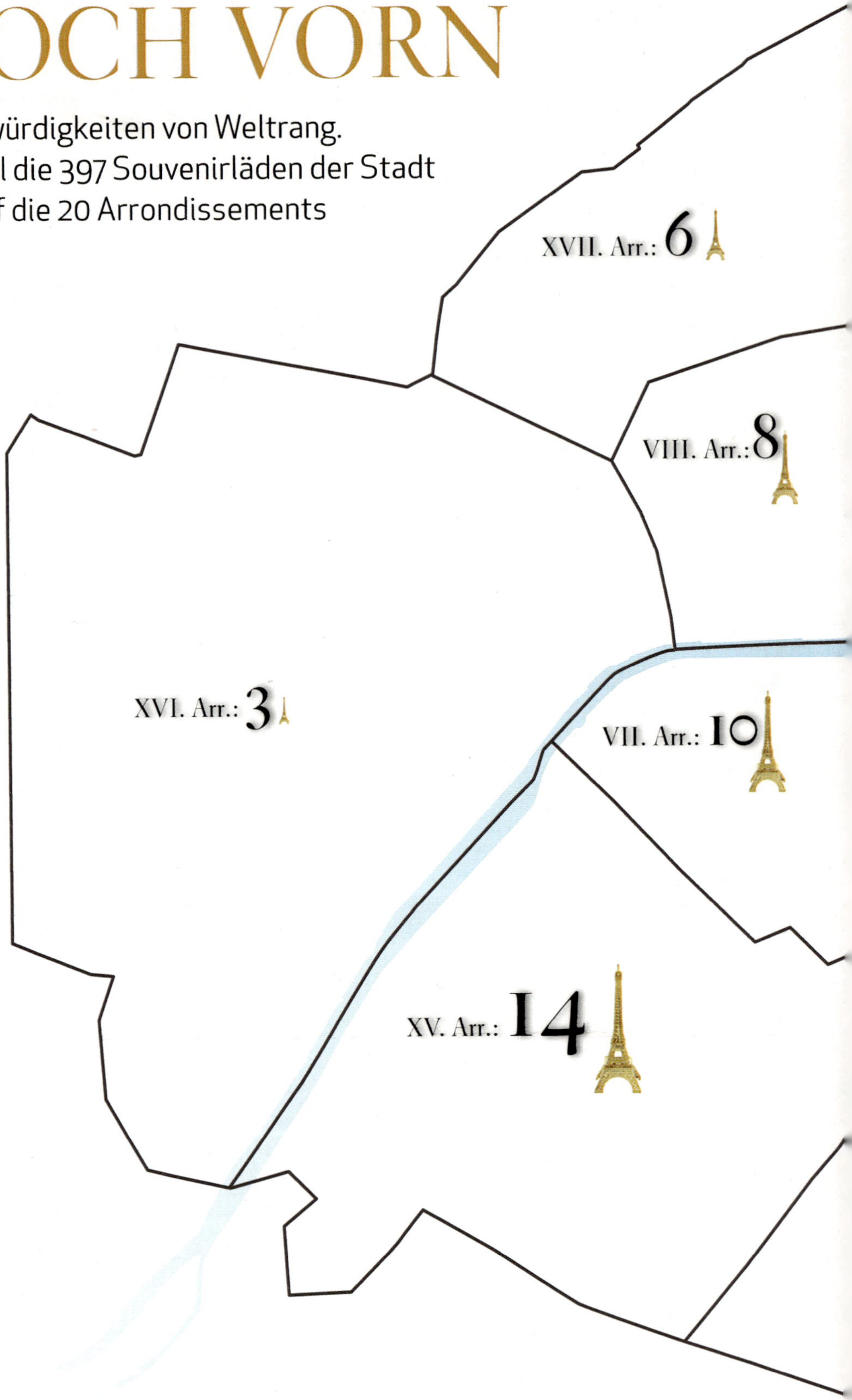

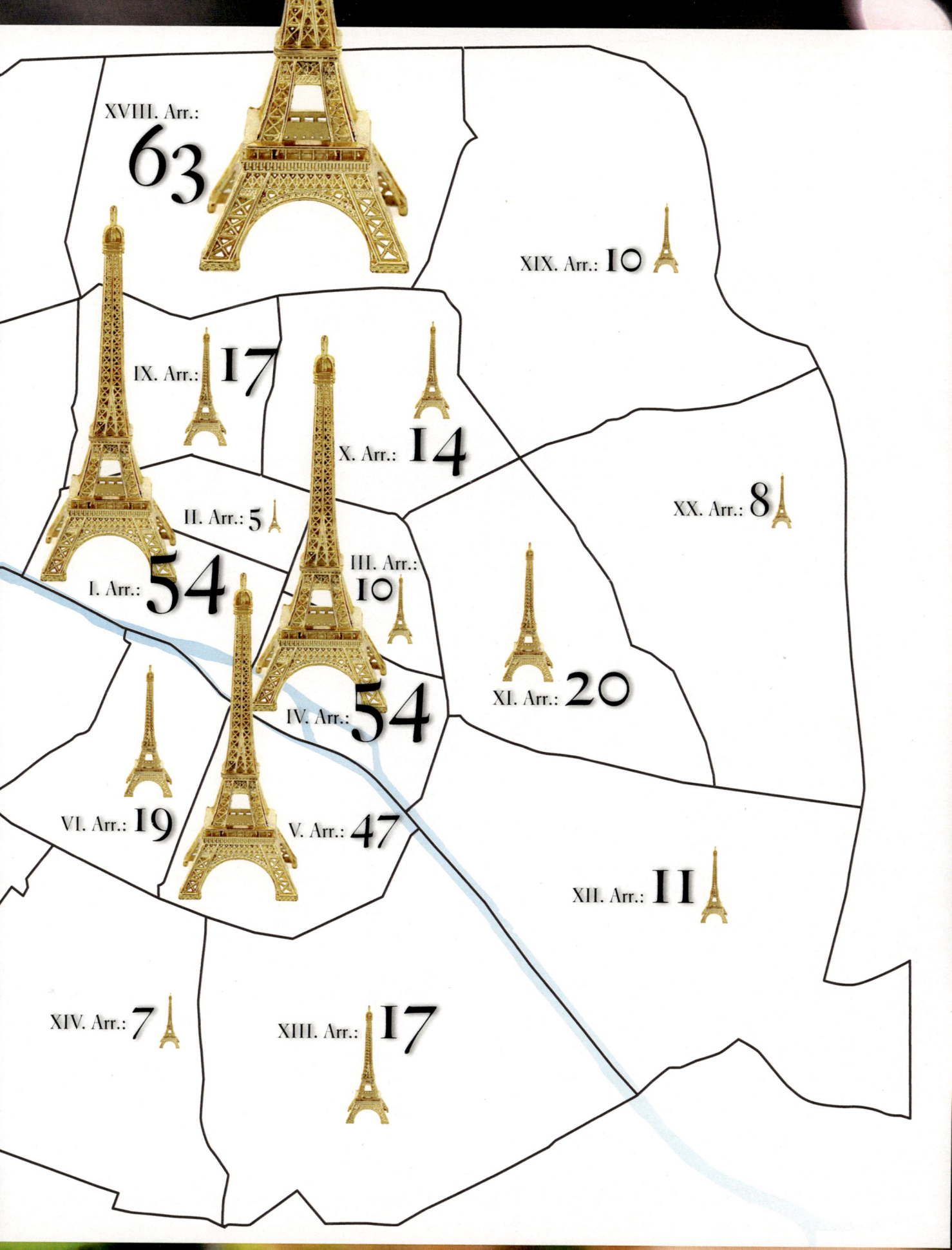

Der ewige Traum von Paris: gewisse An- und Augenblicke, die ein Leben lang im Gedächtnis haften bleiben. Sie zu finden ist weniger eine Frage des Budgets als der Fantasie

# Vive la vie!

Paris ist teuer. Für viele gar unerschwinglich. Aber es gibt auch das andere Paris. Jenes, das mehr wert ist, als es kostet. GEO-Special-Autorin Katharina Peters machte sich an den Ufern der Seine auf die Suche nach Hochgefühlen zu Niedrigstpreisen

Jedes Jahr gibt es in der Stadt Sommerspiele – sogar vor dem Rathaus

*Paris Plages*

# Pont des Arts

Der Tisch, der eine Brücke ist. Hier packt jeder Mitgebrachtes aus

# Square Tino Rossi

Sehnsucht, Pathos, Bewegung: Tango am Seine-Ufer

Luftig unterwegs: Autorin Katharina Peters

## PARIS IM TAKT
**KOSTEN:** *Ein Kuss*
**ERLEBNIS:** *Tango in Paris*
**MUSIK:** *»El día que me quieras« von Carlos Gardel*

Am Ufer der Seine drehen sich die Paare. Versunken, mit wiegenden Schritten, tanzen sie Tango. Ihre Schuhe gleiten über den Steinboden, Wellen schwappen. Gilbert Del Rosso steht mit verschränkten Armen am Rand, ein Mann mit grauem Hemd und ebensolchen Haaren. Vor vier Jahren ist er in Rente gegangen – und hat den Tango für sich entdeckt. Beim Tanzen vergisst er alles. „Es ist wie eine Sucht", sagt er. Sinnlich und traurig zugleich. Vor ihm im kleinen Amphitheater drehen sich die Paare ein letztes Mal, Zuschauer applaudieren. Am nächsten Abend: noch mehr Menschen am Quai Saint-Bernard. Es mischen sich französische Weisen und Salsa-Rhythmen, Rock'n'Roll und Capoeira. Aus den Lautsprechern der Tango-Tänzer knarzt ein argentinisches Lied: „Siempre te amé, más que la vida." „Ich habe dich immer geliebt, mehr als das Leben." Vor Mitternacht fordert Gilbert Del Rosso eine Dame auf. Die beiden drehen sich langsamer als die anderen, etwas steifer. Del Rosso hat viel geübt, um sich beim Tango wohlzufühlen. Je höher der Arm der Frau auf dem Rücken des Mannes liegt, hat man ihm gesagt, desto glücklicher ist sie beim Tanz. Als die Takte zum letzten Lied an diesem Abend erklingen, berühren ihre Finger seinen Nacken.

❶ **SQUARE TINO ROSSI** *Quai Saint-Bernard nahe Institut du Monde Arabe, Metro Jussieu oder Sully Morland. Bei warmem Wetter am Wochenende ab 17, sonst 19 Uhr. Für Anfänger gibt es eine Einführung, alles gratis*

## PARIS MOBIL
**KOSTEN:** *1 € für eine Stunde Radfahren*
**ERLEBNIS:** *Die Kunst der Flexibilität*
**MUSIK:** *»Tout le Monde« von Carla Bruni*

Paris fliegt vorbei. Falafelstände, Spitzendessous und Himbeertörtchen. Tüpfel in einem Farbenrausch. Die steilen Straßen von Belleville rase ich mit dem Fahrrad hinunter zur Seine. Ich ziehe meine Kreise, schlängele mich über die Place de la République, betrachte die neo-antiken Säulen der Madeleine und lande schließlich: beim Louvre. Kaum ein Besucher kann sich dem berühmten Museum entziehen, auch wenn er eigentlich nur einen Blick auf das gewaltige Ensemble werfen will. Der Louvre saugt die Menschen ein. Auch Jeremy und John aus Kalifornien. Für den Louvre bleiben sie auf ihrer Europareise zwei Tage länger in Paris. Dafür fällt Deutschland aus. Als die Museumswächter ruppig zum Eintreten auffordern, zischen sie: „That's the French!" Etwas abseits, zwischen den kühlen Mauern aus Marmor, sitzt Barbara Gaehtgens. Hunderte Male ist die Kunsthistorikerin im Louvre gewesen, das Museum nennt sie „eine Lebensgrundlage". Aber es sei auch erschreckend hier, sagt sie, die vielen Menschen, die Hitze. Eine halbe Stunde brauche sie, um sich zu akklimatisieren. Sie sucht sich einen stillen Platz. Dann erst geht sie nach oben und durch die Ausstellungen. Auch ich steige auf, strebe aber zu den Wasserbecken um die Pyramide. Eine Frau lässt ihr Hündchen im Becken baden. Ich wate neben ihm im Bassin – und finde: ein Gipssteinchen, zwölf britische Pence, fünf moldauische Bani, einen polnischen Groschen, 25 Eurocent. Das reicht für die nächste Fahrradtour durch Paris. Denn Vélib ist die Abkürzung für *vélo libre*, kostenloses Rad. Man möchte anfügen: Radvergnügen.

❷ **VÉLIB** *Tel. 0033-1/30 79 79 30, www.velib.paris.fr, Ecke Rue de Rivoli/Rue de l'Oratoire nahe Louvre oder an Hunderten weiteren Stationen. Etwa alle 300 Meter findet sich eine Station Vélib, rund 20 000 Räder sind verfügbar. Der Zugang zum Leihfahrrad für einen Tag 1 €, die erste halbe Stunde gratis, die zweite halbe Stunde 1 €. Eintritt in den Louvre am ersten Sonntag eines Monats kostenlos*

# Karussell am Eiffelturm

Ein paar Runden an der Spitze

## PARIS IM KREIS
**KOSTEN:** *2 € für eine Fahrt*
**ERLEBNIS:** *13-mal Eiffelturm*
**MUSIK:** *»La Valse d'Amélie« von Yann Tiersen*

Wer vom Eiffelturm blickt, mag überwältigt sein. Bis zum Horizont erstrecken sich die Dächer von Paris. Doch eines fehlt im Panorama: der Turm selbst. Ich drehe mich lieber dem Wahrzeichen entgegen, inmitten von schwarzen und weißen Pferden, einem Heißluftballon en miniature, einer muschelbesetzten Gondel, einem Flugzeug, das wohl für einen kleinen Prinzen reserviert ist. Seit 16 Jahren dreht sich das Karussell bei den Gärten des Trocadéro. Auf und ab schwebe ich auf meinem Plastikpferd. Erst erscheint der dicke Sockel des Eiffelturms, dann sind alle Streben bis zur Spitze zu sehen: 13-mal innerhalb von dreieinhalb Minuten trägt mich das Karussell zum Monument. Wer sechs Fahrten zum Sonderpreis kauft, kommt gleich 78-mal am Stolz der Pariser vorbei, den sie nie so nennen würden. Als Karussellfahrerin bin ich Staunende und Bestaunte zugleich. An mir vorüber ziehen auch die Gesichter verzückter Kinder, die darauf warten, selbst einsteigen zu dürfen. Und Eltern, die nach der Fahrt ein für alle Mal das Ende des Karussellvergnügens verkünden, stehen meist zehn Minuten später wieder am Kartenschalter.

❸ **KARUSSELL AM EIFFELTURM**
*Ecke Nations Unies und Avenue des Nations Unies, Metro Trocadéro, Mo–So 13–23 Uhr. Eine Fahrt 2 €, sechs Fahrten 8 €. Zuckerwatte und Softeis gleich nebenan*

Mit den betörenden Düften von Aprikosen und Rosen

# Marché Raspail

### PARIS IN DER NASE
**KOSTEN:** *2 € für ein Kilo frischer Pfirsiche*
**ERLEBNIS:** *Der Duft von Paris*
**MUSIK:** *»Le Temps des Cerises« von Charles Trenet*

Das Meer scheint ganz nahe zu sein. Doraden, Kabeljaufilets und Garnelen sind auf Eis geschichtet. Über den Marché Raspail zieht der Duft von Fisch und Muscheln. Sonia Constant bleibt stehen, atmet tief ein. „Die meisten Menschen lassen Düfte vorbeiziehen", sagt sie, „aber sie sollten sich von ihnen überwältigen lassen." Die Karotten etwa, sie verströmen Erdgeruch. Die Aprikosen erinnern an Rosen und Freesien. Und hier, die Tomaten. Berühr nicht die Frucht, sondern reib leicht an ihren grünen Stängeln. Sie duften grün, frisch. Sonia Constant nimmt jede Nuance auf dem Markt wahr. Sie arbeitet als Parfümeurin, kreiert Düfte für Van Cleef & Arpels und Oscar de la Renta. Sie sagt: „Inspiration entsteht durch Zufall." Wenn sich der salzige Geruch von Fisch und Meer mit den würzigen Aromen vom Nachbarstand vermengt. Seit 1920 reihen sich die Marktstände inmitten des Boulevards Raspail, Berühmtheiten wie Juliette Binoche sollen hier Obst kaufen. Auf Schiefertafeln schreiben Händler ihre Angebote, Oliven schwimmen in Holzfässern. Essen beflügelt die Fantasie der Parfümeurin Sonia Constant. Einen Tag oder mehrere Jahre kann die Kreation eines Duftes dauern. An einigen tüftelt sie seit mehr als einem Jahrzehnt. Und ein Parfüm von Paris würde wohl niemals vollendet sein. Paris, sagt Sonia Constant, brauche eine edle Note. Aber unbedingt auch einen Hauch von Pfeffer, denn die Straßen sind laut und rau. Dazu etwas Zartes, Blumiges, schließlich riecht Paris auch nach den blühenden Iris im Parc de Bagatelle. Es ist der Duft eines unbeschwerten Sommers.

❹ **MARCHÉ RASPAIL** *Boulevard Raspail zwischen Rue du Cherche-Midi und Rue de Rennes, Metro Rennes, Di und Fr 7–14.30 Uhr. Öko-Markt So 9–15 Uhr*

### PARIS PLAGES (S. 30)
**KOSTEN:** *1,50 € für eine Badekappe*
**ERLEBNIS:** *Sommerfrische an der Seine*
**MUSIK:** *»Wassermusik« von Georg Friedrich Händel*

Mit einer Plastikharke markiert Freddy sein Revier. Er glättet den Sand vor seiner neuen Skulptur, zieht eine tiefe Linie – doch genau dort buddelt Kahina: eine Schildkröte aus Sand, auch das noch. Freddy harkt energischer. Kahina, sieben Jahre alt, und Künstler Freddy, 27 Jahre älter, eifern um die Vorherrschaft am Strand. Mitten in Paris. Eine Verwandlung dank 2000 Tonnen Sand. Wo sonst die Autos rauschen, rauscht jedes Jahr im Juli und August nur das Wasser. Über zwei Kilometer erstreckt sich die Promenade von Paris Plages – zu Deutsch Pariser Strände – am rechten Flussufer, gesäumt von Palmen, Liegestühlen und Eisdielen. An der Seine würde er sich nie einsam fühlen, hat Hemingway einmal geschrieben. Vielleicht aber wäre es ihm während der französischen Sommerferien fast zu voll. In einem Pool mit Blick auf die Seine hopsen Damen zur Wassergymnastik, Durstige trinken an Fontänen, Kinder quietschen unter Sprühnebelduschen. Besonders für Pariser wie Kahina, die nicht in den Urlaub fahren, hat die Stadtverwaltung 2002 die Strandmeile etabliert. Das Mädchen versucht sich nun an einem Schwan. Freddy harkt weiter. Ihren Wettbewerb müssen die Künstler erst um 23 Uhr aufgeben, als Kahinas Familie ihre Sachen packt. Aber morgen kommen sie wieder. Freddy rollt mit den Augen.

❺ **PARIS PLAGES** *Croisette am rechten Seine-Ufer von Louvre bis Sully-Brücke. Mo–So 8–24 Uhr, www.paris.fr*

Auf einen Sprung zu Rodin? Eintritt fast frei

# Musée Rodin

**PARIS FLORAL**
**KOSTEN:** *1 € Eintritt*
**ERLEBNIS:** *Große Kunst und große Namen*
**MUSIK:** *»Schwanensee Walzer« von Peter Iljitsch Tschaikowski*

„Maria Callas" wirkt eher mickrig. Die „Prinzessin von Monaco", zart pinkfarben, duftet herrlich. „Tschaikowski" ist immerhin einen Meter hoch, blüht aber noch nicht. Große Namen zieren den gepflegten Park des Musée Rodin schon seit jeher, sei es als Rose, Plastik oder in persona. Boulevardblätter würden heute von einer hohen Promi-Dichte sprechen. Immerhin inspirierte die Schönheit des Gartens berühmte Künstler des 20. Jahrhunderts. Der Dichter Rainer Maria Rilke lockte den Bildhauer Auguste Rodin hierher, indem er die verwunschene Natur als eine „seidene Tapisserie" beschrieb, durch die ab und zu Hasen hoppeln: „Der Pfad ist ein Teppich aus grünem Samt." Henri Matisse malte hier ebenso wie der Schriftsteller, Maler und Regisseur Jean Cocteau. Inspirierend wirkt der Garten auch heute noch, trotz der mittlerweile sauber angelegten Beete und geschnittenen Buchsbäume. Zum Anwesen, in ein Rodin-Museum umgewandelt, pilgern die Besucher, vor allem solche, die Respekt vor Gestalten haben. Adam und Eva, Victor Hugo und Honoré de Balzac blieben – in Form von Skulpturen. Auch wenn das Denkmal Balzacs seinerzeit als „Pinguin", ja als „Kohlensack" beschimpft wurde. Berühmtheiten haben eben viele Neider.

❻ **MUSÉE RODIN** *Rue de Varenne, Metro Varenne oder Invalides, Tel. 0033-1/44 18 61 10, www.musee-rodin.fr, Di–So, im Sommer 9.30–18.45 Uhr*

# Montmartre

**PARIS IM BLICK**
**KOSTEN:** *Einige Stunden Schlaf*
**ERLEBNIS:** *Hochgefühle bei Sonnenaufgang*
**MUSIK:** *»Paris s'éveille« von Jacques Dutronc*

Joanne tanzt über den Dächern von Paris. Sie tanzt über Schornsteinen und Mansardenfenstern, vor Hochhäusern und oberhalb grüner Baumkronen. Sie balanciert, sie dreht sich. Und tanzt in den Sonnenaufgang hinein. In einigen Fenstern brennt erstes Licht, ein Wecker klingelt, links liegt der erwachende Bahnhof Gare du Nord. Mit der Morgensonne weicht das Blau der Nacht, rosafarben leuchten die oberen Stockwerke der Häuser. Autos, Busse, klirrende Getränkelastwagen beginnen, einen Geräuschteppich zu weben. Die Bäcker legen frische Baguettes in ihre Auslagen. Hinter Joanne erhebt sich Sacré-Cœur. Dieses Wahrzeichen der Frömmigkeit errichtete man einst ausgerechnet auf dem Montmartre, einem Viertel der sündhaften Freuden und revolutionären Ideen. Wie es in Paris gärte, kochte und brauste, beschrieb Heinrich Heine so: „Wir tanzen hier auf einem Vulkan, aber wir tanzen." Auch Joanne wirbelt, sie läuft durch Gruppen flatternder Tauben, dehnt ihren schmalen Körper, schlingt die Arme um sich selbst. Ein Freund filmt sie für ihr neues Projekt: die Tauben und die Stadt. Und für den Film, sagt sie, gibt es kein schöneres Panorama als diesen Blick.

❼ **MONTMATRE** *Portal von Sacré-Cœur, Metro Anvers oder Abbesses, Spaziergang über die steilen, noch ruhigen Gassen. Sonnenaufgang Juni und August zwischen 5.54 und 7.07 Uhr. Für den Tag genau berechnen unter www.sonnenaufgang-sonnenuntergang.de*

Montmartre verlockt dazu, hier Freunde zum Essen einzuladen

**PONT DES ARTS** (S. 32)
**KOSTEN:** *Brie 2,54 €, Côtes du Rhône 3,70 €, Baguette 0,85 €, ein Körbchen Himbeeren 2 €*
**ERLEBNIS:** *Picknick vor großer Kulisse*
**MUSIK:** *»Paradisiaque« von MC Solaar*

Dembele Baba fällt auf. In grellem Gelb und sattem Grün, seiner Uniform der Pariser Stadtreinigung, vollführt er die immer gleichen Handgriffe. Zieht einen Müllsack heraus, knotet ihn zu, fährt mit dem Karren weiter. Um kurz vor elf erreicht er so seine letzte Station. Und hält inne. Gitarrenmusik klingt über der Brücke im Herzen von Paris. Pont des Arts, Brücke der Künste. Sie wurde gebaut, um Kulturschätze zu verbinden, und vereint auch die Menschen. Sie treffen sich hier zu Picknickfesten. „Magnifique!", sagt Baba und sammelt auf dem 155 Meter langen Steg der Glückseligen die Reste eines Abends ein: Sushi-Stäbchen, Baguette-Tüten, Zigarettenstummel. Sein Weg führt vorbei an Studenten, an amerikanischen Au-pair-Mädchen, an Venezolanern auf Hochzeitsreise, an singenden Rucksacktouristen aus der Türkei. Baba selbst kam mit 19 Jahren aus Mali, jetzt, mit 32, ist Paris seine Welt. Drei Franzosen haben eine Decke ausgebreitet und teilen Schokolade, Himbeeren und Bier mit ihren Nachbarn. Auch Baba bekommt von jemandem Wein angeboten. Er lehnt ab: „Im Dienst". Kurz darauf schluckt der Verkehr die Rücklichter seines kleinen Müllwagens.

❽ **PONT DES ARTS** *Unweit Île de la Cité, Metro Pont Neuf. Zehn Meter breit ist er – und je später der Abend, desto voller. Es lohnt sich deshalb, vor 21 Uhr dort zu sein*

## INFO

▶ ERLEBEN

### Noch mehr für wenig?

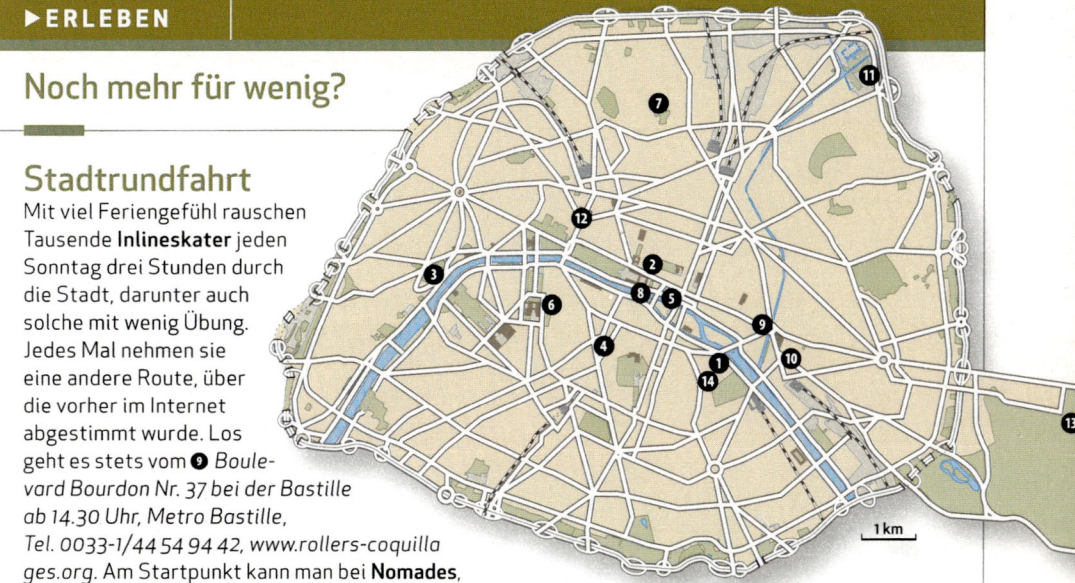

### Stadtrundfahrt
Mit viel Feriengefühl rauschen Tausende **Inlineskater** jeden Sonntag drei Stunden durch die Stadt, darunter auch solche mit wenig Übung. Jedes Mal nehmen sie eine andere Route, über die vorher im Internet abgestimmt wurde. Los geht es stets vom ❾ *Boulevard Bourdon Nr. 37 bei der Bastille ab 14.30 Uhr, Metro Bastille, Tel. 0033-1/44 54 94 42, www.rollers-coquillages.org.* Am Startpunkt kann man bei **Nomades**, *www.nomadeshop.com, Tel. 0033-1/44 54 07 44,* für 9 € Inlineskates und Gelenkschützer leihen.

### Spaziergang
Auf der **Promenade Plantée**, der bepflanzten Promenade, ist der gemeine Spaziergänger den Parisern besonders nah. Man kann gar in die Fenster der angrenzenden Häuser blicken. Ende der 1980er Jahre verwandelte die Stadt eine alte Eisenbahntrasse in eine grüne Ader, die sich viereinhalb Kilometer von der Bastille bis in den äußersten Südosten der Stadt zieht. Heute picknicken, lernen oder joggen die Menschen zwischen großen Lavendelsträuchern und Bambuswäldern. ❿ *Avenue Daumesnil bis Bois de Vincennes, Einstieg Ecke Rue de Lyon, Avenue Daumesnil, Metro Bastille, www.promenade-plantee.org. Im Sommer Mo–Fr 8–21.30 Uhr, Sa–So ab 9 Uhr; gratis.*

### Kino
Im Parc de la Villette kämpfen, scheitern und lieben Stars unterm Sternenhimmel: Errol Flynn, Charlotte Gainsbourg oder Jack Nicholson – mit einem abwechslungsreichen Programm lockt Paris Cineasten ins **Freiluftkino**. Vor Ort kann man Liegestühle und Decken mieten. ⓫ *Prairie du Triangle/Avenue Jean Jaurès Nr. 211, Metro Porte de Pantin, Tel. 0033-1/40 03 75 75, www.villette.com. Bei schönem Wetter Mitte Juli bis Mitte August, Di–So ab 22 Uhr; gratis.*

### Theaterkarten
Wer spontan ist und Bühnenstücke von bekannten Franzosen wie Molière und Jacques Prévert sehen möchte, der kann für wenig Geld schon einige Stunden später im Theatersaal sitzen. Zahlreiche Verkaufsstellen, genannt *kiosques*, bieten Karten zum halben Preis für den gleichen Abend an. Am besten im Veranstaltungsmagazin „Pariscope" nachsehen, welche Aufführung in den rund 140 Pariser Theatern reizt. Etwa ⓬ **Kiosque** an der Place de la Madeleine Nr. 15, *Metro Madeleine, www.kiosquetheatre.com, Di–Sa und an Feiertagen 12.30–20, So 12.30–16 Uhr.*

### Festival
Rund 50 Gärtner pflegen im **Parc Floral** die Blütenpracht, und nur wer hier eine Dahlie oder Iris pflückt, hat einen teuren Nachmittag: Geldstrafe 40 €. Sonst kostet der Spaß 5 €, und zwar auch, wenn ein Jazzfestival mit Musikern aus aller Welt geboten wird. Vom 12. Juni bis zum 1. August ist das der Fall, vom 7. August bis zum 26. September wird es klassisch. ⓭ *Esplanade du Château de Vincennes/Route de la Pyramide, Metro Château de Vincennes, dann fünf Minuten zu Fuß, Tel. 0033-1/48 72 32 97, www.parcfloraldeparis.com; Eintritt 5 €.*

### Spiel
Rom in Paris. Durch einen Torbogen schlüpft man aus typisch französischen Straßenzügen in ein Amphitheater aus dem 1. Jahrhundert. 15 000 Menschen fassten die steinernen Zuschauerränge, die noch heute einen staubigen Kampfplatz säumen. Dort rollen allerdings keine Köpfe mehr, sondern Boulekugeln. Wer nicht liest oder picknickt, der kann in den blauen Himmel blinzeln – und dann gleich zum Hôtel de Ville ziehen. Dort, am rechten Ufer der Seine, wird auch **Boule** gespielt. ⓮ *Arènes de Lutèce, 47 rue Monge und Rue de Navarre, Metro Cardinal Lemoine. Mo–So, 9–21.30 Uhr, kein Eintritt.*

**Katharina Peters**, 29, sparte nur während ihrer Recherche, nicht danach: „Pardon", schrieb sie, „ich sende deutlich zu viele Sparvorschläge. Die Stadt ist einfach zu inspirierend."

# OHNE LISA

Paris und seine Museen, das ist nicht nur der Dreiklang Louvre, Orsay, Pompidou. Die Muse lächelt auch anderswo. Heftredakteur Michael Stührenberg hat Sammlungen ausgewählt, die meist mehr Attraktionen als Besucher zählen. Von Botanik bis Erotik – und die anschließende Kunstpause gleich dazu

### ❶ MUSÉE D'ART MODERNE DE LA VILLE DE PARIS

Im bunten Panorama der Pariser Museen oft übersehen: das städtische Museum für moderne Kunst. Dabei hängt hier eines der größten Gemälde der Welt: La Fée Electricité des 1953 verstorbenen französischen Künstlers Raoul Dufy. *11 avenue du Président-Wilson, Metro Iéna, Eintritt frei*
**KUNSTPAUSE:** Den Westflügel des Gebäudes nutzt ein Museum für zeitgenössische Kunst. Dessen Café »Tokyo Self« hebt sich ab von der Staubigkeit anderer Museumscafés. Bonbonbunt sind die Möbel, und im Sommer gilt: Den Kaffee zum Mitnehmen bestellen und ab auf die Terrasse, den Seine-Blick genießen.

### PIGALLE

**② MUSÉE DE LA VIE ROMANTIQUE**
*16 rue Chaptal, Metro Pigalle Blanche, www.vie-romantique.paris.fr, Eintritt frei*
Eine Perle im Hinterhof des Schmuddelviertels. Wenige Schritte entfernt von Pigalles Peepshows und Pornoshops ist dieses Museum hauptsächlich dem „romantischen Leben" der Schriftstellerin George Sand gewidmet. Akustisch eingebettet in Nocturnes, Mazurken und Polonaisen von Frédéric Chopin, Sands langjährigem Liebhaber, gewähren fast 200 Ausstellungsstücke – Möbel, Gemälde, Schmuck – Einblick in die Privatsphäre der heute als Feministin gefeierten Romantikerin.

**KUNSTPAUSE:** Wunderbar hochlegen lassen sich die Füße im Museumsgarten und seinem Salon de thé. Ist dieser geschlossen – von Herbst bis Frühling –, empfiehlt sich Le Blabla, ein Bistro am unteren Ende der Rue Chaptal (Nr. 33). Ideal für den kleinen Hunger: Salade de chèvre chaud au miel, davor einen Kir Pêche, serviert von Fanny, dem guten Geist des Hauses.

**③ MUSÉE DE L'ÉROTISME,**
*72 boulevard de Clichy, Metro Blanche, www.musee-erotisme.com, 9 €*
Der perfekte Kontrast zum Romantik-Museum! Bezeichnend für das Museum der Erotik sind seine Nachbarschaft zum Moulin Rouge und der Umstand, dass es bis zwei Uhr nachts geöffnet bleibt. Und natürlich die Eindeutigkeit der auf sieben Etagen dargebotenen Stücke. Von Phallus-Skulpturen, Fotografien aus dem Alltag der Bordelle bis hin zu Bildschirmen, über die fast 100 Jahre alte Pornofilme flimmern – *tout est là!*

### ❹ MUSÉE DES ARTS DÉCORATIFS

Nebenan im Louvre drängeln die Touristen wie Elefanten im Porzellanladen – wenn Sie finden, die vielen Eindrücke sollten sich erst einmal setzen, gehen Sie lieber ins Kunstgewerbemuseum. Neben den bunten Sesseln und Vasen Alessandro Mendinis findet man hier Design vom gotischen Altarbild bis zur gläsernen Zimmerpflanze. *107 rue de Rivoli, Metro Palais Royal-Musée du Louvre, www.lesartsdecoratifs.fr, ab 9 €*
KUNSTPAUSE: Gehen Sie ein paar Schritte die Seine aufwärts, über den Pont Neuf auf die Île de la Cité. Der westliche Zipfel der Insel ist nur zu Fuß zu erreichen und auf drei Seiten von Wasser umgeben – an lauen Sommerabenden der ideale Platz, mit einem Picknick oder einer Flasche Cidre den Tag ausklingen zu lassen.

### ⑤ MUSÉUM NATIONAL D'HISTOIRE NATURELLE

Flucht vor der Sintflut: Kräftiger Regen ist leider auch in Paris nicht ausgeschlossen. Sollten Sie Pech mit dem Wetter haben, tun Sie es doch den Tieren gleich und suchen Unterschlupf im naturhistorischen Museum. Zurzeit zeigt es Spezies, die es nicht auf die Arche geschafft haben: die Dinosaurier. Ausstellung bis Februar 2011. *36 rue Geoffroy Saint-Hilaire, Metro Censier-Daubenton, www.mnhn.fr, 7 €*
**KUNSTPAUSE:** Das Museum liegt unmittelbar im Botanischen Garten, dem Jardin des Plantes. Sie spazieren innerhalb weniger Minuten vom lichten Pinienhain bis in die Pflanzenwelt der Alpen – wenn Sie nicht im Labyrinth hängen bleiben.

## MONMARTRE

**❻ LE MUSÉE DE MONTMARTRE,**
*12 rue Cortot, Metro Anvers,*
*www.muséedemontmartre.fr, 8 €*
Hier werden Klischeevorstellungen endlich einmal bestätigt. Die brotlosen Dichter und Maler, der Absinth und die Chansons im Kabarett Le Chat Noir, der Cancan und die frivolen Freier im Moulin Rouge – kurz: Montmartre, wie es von Toulouse-Lautrec gemalt wurde und von Aznavour noch immer in „La Bohème" besungen wird, es hat tatsächlich existiert. Das Museum – von außen ähnelt es einem Dorfhaus – quillt über vor Beweisstücken. Und aus dem Fenster kann man noch die letzten Rebstöcke des einstigen Weinberges Montmartre bewundern.

**KUNSTPAUSE:** Setzen Sie sich zu den Katzen in den hermetisch gegen die Neuzeit abgeschirmten Museumsgarten! Können Sie sich vorstellen, dass 100 Meter entfernt mächtige Touristenströme zwischen Sacré-Cœur und Place du Tertre fließen? Nein. Vor allem, wenn jemand neben ihnen bei freundlichem Wetter eine Staffelei aufbaut und zu malen beginnt.

**❼ ESPACE DALÍ,**
*11 rue Poulbot, Metro Abbesses,*
*www.daliparis.com, 10 €*
Permanente Ausstellung mit solidem Fundus: 300 Skulpturen, Zeichnungen, Gemälde und zwei Sofas, auf denen wohl nur der Meister selbst bequem sitzen konnte. Echt surrealistisch.

## INFO
▶ SAMMLUNGEN

## Orte für einen langen Tag der Museen

### MARAIS

#### ❽ MUSÉE CARNAVALET
*23 rue de Sévigné, Metro Saint-Paul, www.carnavalet.paris.fr, Eintritt frei*
Dieses der Pariser Stadtgeschichte gewidmete Museum betört schon durch sein Bauwerk: zwei *hôtels particuliers*, Stadtpalais von jener Art, die dem Marais-Viertel seine besondere Atmosphäre sichern. Mehr als 100 Ausstellungssäle stecken einen Parcours durch zwei Jahrtausende ab, von den Relikten der gallisch-römischen Frühgeschichte bis zu einigen Zeugnissen der Gegenwart. Und beweisen, dass auch Paris nicht an einem Tag erbaut wurde.

KUNSTPAUSE: Der Garten des Musée Carnavalet ist berühmt unter Pariser Laptop-Nomaden. Hier finden sie gratis eine WLAN-Zone, himmlische Ruhe und Bänke mit Blick auf Fassaden aus dem 16. Jahrhundert. Aber: Keine Verkostung, sogar das Mitbringen von Croissants, geschweige denn Fast Food, ist untersagt. Nahrung gibt es hier nur für Geist und Auge.

#### ❾ MUSÉE COGNACQ-JAY,
*8 rue Elzévir, Metro Saint-Paul, www.cognacq-jay.paris.fr, Eintritt frei*
Noch ein prachtvolles *hôtel particulier*. Es dokumentiert – in Einrichtung, Kunst und Dekor – das Pariser Raffinement des 18. Jahrhunderts und verdankt seine Existenz der Sammlung von Ernest Cognacq, dem 1928 verstorbenen Gründer des berühmten Kaufhauses La Samaritaine. Der kinderlose Philanthrop vermachte Paris außerdem Kindergärten, Krankenhäuser und Armenheime.

### PASSY

#### ❿ LA MAISON DE BALZAC
*47 rue Raynouard, Metro Passy, www.balzac.paris.fr, Eintritt frei*
Auf der Flucht vor seinen Gläubigern hat sich Honoré de Balzac im Oktober 1840 in diesem Haus unter falschem Namen (Monsieur de Breugnol) eingemietet. Er blieb sieben Jahre und verfasste hier einen Großteil seines Mammutwerkes „La Comédie humaine". Zu besichtigen sind daher in erster Linie der Schreibtisch des Arbeitsgenies, er schrieb bis zu 20 Stunden pro Tag, und einige von ihm handschriftlich korrigierte Textseiten. Auch Balzacs Kaffeekanne, die immer frisch gefüllt in seiner Reichweite zu stehen hatte, ist gut erhalten geblieben. Völlig verändert hat sich seit jenen Zeiten nur Passy. Damals ein Dorf vor den Toren der Stadt, gilt es heute als eine der teuersten und exklusivsten Adressen des Pariser Großbürgertums.

#### ⓫ MUSÉE DU VIN,
*5 rue des Eaux, Metro Passy, www.museeduvinparis.com, 11,90 €*
Eine unterirdische Promenade ins 15. und 16. Jahrhundert, als Mönche in diesen Stollen eines ehemaligen Kalksteinbruchs den Wein ihrer Abtei lagerten. Da das Wein-Museum zu Unrecht kaum besucht wird, kann man sich in seinen düsteren Tunnelgängen etwas einsam fühlen. Gesellschaft leisten Mönche und Winzer aus Wachs, die in beleuchteten Nischen vorführen, wie früher gekeltert, gezapft, verkostet wurde. Sehenswert: die Sammlungen von Werkzeugen, Korkenziehern, Trinkgefäßen und was sonst noch zur Wahrheit im Wein gehört.

KUNSTPAUSE: Lassen Sie sich noch ein Weilchen im Restaurant des Weinmuseums nieder. Der relativ hohe Eintrittspreis schließt nämlich eine nicht allzu knapp bemessene Kostprobe des Château Labastidié ein, eines Rotweins vom zum Museum gehörenden Weingut in Südwestfrankreich. ■

**Wer nicht hineingehen will, kann schon draußen staunen: Musée Carnavalet**

Keine brotlose Kunst. Wer das beste Baguette backt, hat ausgesorgt, den kürt Paris zum Helden. Wie Anis Bouabsa, einen Sohn tunesischer Einwanderer

# Der Maßstab von Paris

TEXT ⌐ MICHAEL STÜHRENBERG

**Das wahre Wahrzeichen der Stadt ist keine 300 Meter hoch, sondern 65 Zentimeter lang. Pariser lieben das Baguette, mehr noch als den Eiffelturm. Von ihrem Stangenbrot erwarten sie Lebensqualität im Alltag und Hochgenuss für einen Euro**

**DER SIEGER KANN ES NOCH NICHT FASSEN.** „Ist das ein Witz?", tönt seine Stimme aus dem Telefon der drei Kilometer von ihm entfernten Vizebürgermeisterin. Die Dame, an diesem Tag zuständig für den „Großen Preis für das beste Baguette von Paris", bemüht sich um Würde. Umringt von grinsenden Journalisten und Krümeln am Sitz der Pariser Bäckerinnung, wiederholt sie stoisch ihre Botschaft: Djibril Bodian, vor 33 Jahren im Senegal geboren, seit zwölf Jahren Bäcker auf Montmartre, hat nach Ansicht kompetenter Juroren am 22. März 2010 das „Meilleure Baguette de Paris" gebacken. Dafür steht ihm ein Preisgeld von 4000 Euro zu. Sowie das Privileg, ein Jahr lang jeden Morgen 20 Stangen seines siegreichen Brotes an den Élysée-Palast liefern zu dürfen. „Je vous félicite, Monsieur", sagt die Honoratiorin. Da findet auch Bodian endlich die Fassung wieder und spricht historische Worte: „Eh ben, ça alors!"

Es sind schon beeindruckende Rituale, mit denen die Pariser ihrer Verehrung für Baguette Ausdruck verleihen. In einer vierstündigen Prozedur haben drei Jurys, bestehend aus jeweils fünf Experten, insgesamt 163 konkurrierende Brote geprüft. Ihre Mission: nicht allein das Erschmecken, sondern auch das Betrachten, Beschnüffeln, Betasten, ja sogar das Belauschen der knusperigen Kandidaten auf dem Prüfstand.

Außenstehende bleiben oft skeptisch: Wie soll es denn möglich sein, aus diesen Bergen von Baguettes das angeblich beste herauszufinden? Zumal doch ihrer aller Zutaten durch ein Regierungsdekret von 1993 gesetzlich festgelegt sind: Weizenmehl, Hefe, Salz, Wasser ... *et rien d'autre*. Initiierte hingegen, sofern sie profanen Einwänden überhaupt ein Ohr widmen, verweisen auf die Geheimnisse des Metiers. Das perfekte Baguette, betonen sie, entstehe vor allem durch kundige Teigbehandlung: *pétrissage doux, fermentation lente* – ein sanftes Kneten und eine langsame Fermentierung. Dazu ideale Ofentemperatur und optimale Backdauer. Auf dass das Baguette jeden der fünf menschlichen Sinne gezielt betöre.

Im Klartext: Das Baguette muss *séduisant*, verführerisch, aussehen, sein Duft so unwiderstehlich *appétissant* wirken, dass es beim Konsumenten pawlowsche Reflexe hervorruft. Die Brotkrume? *Alvéolé*, mit möglichst vielen Luftlöchern versehen. Während *la fine croûte*, die dünne Kruste, beim Hineinbeißen jenes Geräusch erzeugen solle, welches ein bestimmtes Signal ans Gehirn schicke, nämlich: Der folgende Geschmack wird ein Fest.

Ja, eigentlich ist hier nur die Rede von einer rund 65 Zentimeter langen, 250 Gramm schweren, 1 Euro billigen Weizenbrotstange. Und doch bedeutet sie den Parisern so viel mehr als täglich Brot. Neben dem Eiffelturm ist das Baguette das Wahrzeichen dieser Stadt, in der seine Geburtsorte, die stets mit prächtig dekorierten Schaufenstern ausstaffierten Boulangerien, weniger wie Bäckereien wirken denn wie Tempel.

Wie so viele Götzen so viele Anbeter finden können, bleibt eine andere Frage. Auf 105 Quadratkilometer Pariser Stadtgebiet kommen rund 1250 Bäckereien. Da einige Viertel nur aus Boutiquen und Büros bestehen, ergibt sich daraus für Wohnviertel wie Montmartre oder Belleville die zweifellos größte Bäckereidichte der Welt. Dort ist es auch nicht →

selten, in ein und derselben Straße einen Fleischerladen, ein Käsegeschäft und einen Weinhändler zu finden, dazu drei oder vier Bäckereien. Sie unterscheiden sich in der Art ihrer Croissants und Pains au Chocolat, backen Eclairs, Beignets, Tartes und Tartelettes für die verschiedensten Geschmäcker.

Am Ende jedoch läuft alles aufs Baguette hinaus. Die Stunde der Wahrheit schlägt am Sonntagvormittag, zwischen halb zwölf und halb eins, wenn die Pariser schon ans Mittagessen denken, aber noch Zeit haben für genusssüchtiges Anstehen in den Läden. Wie von einem Kompass im Bauch gesteuert, streben sie dann jene unter den Bäckereien ihres Viertels an, in der sie das beste Baguette wähnen. So erklären sich bis zu 50 Meter lange Warteschlangen auf dem Trottoir vor den Türen einiger weniger Boulangerien, deren Konkurrenz in der Nachbarschaft dann fast völlig leer ausgeht.

Deshalb wechseln Bäckereien in Paris häufiger ihre Besitzer als anderswo: Wer nicht seinen Ruf als Baguette-Spezialist mittels Sonntagsschlange etablieren kann, wird sich nicht lang halten. Sein Nachfolger versucht es dann in der Regel mit einer Trumpfkarte: Er hängt sich eiligst ein Schild mit der Aufschrift *nouveau propriétaire* ins Fenster, neuer Eigentümer, und wirbt mit seinem „Baguette de Tradition".

Auch über dieses Brot, „Tradi" genannt, sind bereits Romane geschrieben worden. Der Unterschied zum normalen Baguette? Die Herstellungsweise des Tradi, heißt es auf der Website der Bäckergilde, sei noch genau dieselbe wie in den 1930er Jahren. Dem Kunden muss dieses Baguette also in erster Linie dadurch auffallen, dass es sensationell altmodisch wirkt. Gerade so, als ginge sein Rezept seit Generationen von Bäckervätern auf Bäckersöhne über, um – Abrakadabra! – mit dem Geschmack des Gestern das Grau von Heute zu vertreiben. Weil dieses halbe Pfund gebackener Einfachheit das Gegen-

Der Meisterbäcker aus dem Senegal. Djibril Bodian errang den »Großen Preis für das beste Baguette von Paris 2010«. Nun liefert er jeden Morgen 20 Stangen an Monsieur le Président

gewicht zu städtischer Schwere bildet. Weil es die Seele durch einen himmlischen Hauch von Dörflichkeit im Lot hält. In Zeiten des Schwindens und Schwankens findet der Pariser beim Betreten seiner Boulangerie schlagartig festen Boden unter den Füßen – und im Anblick einer mehlbestäubten Tradi die Metapher für jene moralische Reinheit, die er aus den Chansons von Charles Trenet oder den Heimatromanen von George Sand zu kennen glaubt.

FÜR DIE PARISER PSYCHE mag die Bedeutung von Baguette sogar die Tiefe sozialer Krisen erklären. Deutlich bergab ging es im Leben der Hauptstädter in den 1970er Jahren, als auf die erste Ölkrise Arbeitslosigkeit und Armut folgten. Im Zeichen schwindenden Wohlstands wich sogar das handwerklich gefertigte Stangenbrot zunehmend von den Tischen der Pariser. Wurde ersetzt durch Fabrikware. Niemand schien sich mehr gegen sprödeste ökonomische Logik wehren zu können: Warum nicht Industriebrot, wenn es doch weniger kostet? Als wäre das Baguette plötzlich nicht mehr jene allseits anerkannte Messlatte für Alltagsglück!

Billiger wurde das Massen-Baguette auf Dauer aber nur im Geschmack. Hinzu kam, dass die Bäcker der Grande Nation nun auch auf internationaler Ebene immer kleinere Brötchen backten. Die Weltmeisterschaft im Baguette-Backen 1999 geriet zum Albtraum: Keine Franzosen siegten, wie noch drei Jahre zuvor, sondern Amerikaner! Dies war, als hätte die Sahara plötzlich die besten Eishockey-Spieler. Und es kam noch dicker: Die Baguette-Weltmeisterschaft 2002 ging an ein Bäcker-Team aus Japan, bevor die USA sich den Titel 2005 zurückholten. Erst 2008, beim Weltcup in Paris, erhob sich der französische Phönix aus eigener Asche: „Thomas Planchot, Alexandre Lopez und Christophe Debersee", kommentierte damals eine patriotische Stimme live für die Website der nationalen Bäckergenossenschaft, „haben Tränen in den Augen. Zu den Klängen der Marseillaise stemmen sie den herrlichen Pokal in die Höhe. Unter dem Jubel der Menge erklimmen sie die oberste Stufe des Podiums."

Gold für Frankreich! Weil die Nachfahren von Asterix es verstanden haben, vereint gegen den ärgsten Feind ihrer kulinarischen Begabung anzugehen: gegen das Schludern in Küchen und Backstuben im Namen der Massenspeisung.

Seit Jahren wird nun wieder hart trainiert und kompromisslos gekämpft. Etwa im Rahmen von Veranstaltungen wie dem „Großen Preis für das beste Baguette von Paris". Dessen erster und zweiter Sieger treten stets im Mai, am Ehrentag des Saint-Honoré, des Schutzheiligen der Bäcker, gemeinsam zu einem „Masters" gegen die Baguette-Meister der die Hauptstadt umgebenden Departements an. Auch dabei wird klar: Es geht nicht um Ernährung, sondern um Sakrales. Das Turnier findet zu Füßen von Notre-Dame, der Kathedrale von Paris, statt.

Der liebe Gott, der bekanntlich auch in Frankreich lebt, hat jedenfalls die Hilfeschreie seiner Bäcker erhört und die Kunden zurückgeführt auf den rechten Weg. Laut Umfragen beziehen zwar noch immer 91 Prozent der Franzosen ihr „Pain de mie", in Deutschland als Toastbrot bekannt, lieber aus Supermärkten. Ihr Baguette jedoch kaufen landesweit wieder 72 Prozent der Gallier ausschließlich in einer echten Bäckerei.

In Paris liegt dieser Prozentsatz höher. Weil dies die Stadt ist, in der Boulangerien nicht nur Brote produzieren, sondern obendrein noch Märchen. Als berühmtester Bäcker von Paris wird noch immer Anis Bouabsa genannt, Gewinner des „Grand Prix de la Meilleure Baguette 2008". Bouabsa, 30, ist Sohn tunesischer Einwanderer. Seine Bäckerei liegt an der Porte de la Chapelle, in einer der gammeligsten Ecken der Stadt. Mit 16, als er noch zur Schule ging, musste er ein Praktikum in einem Betrieb absolvieren. Es hätte eine Schuhfabrik treffen können, einen Computerladen, eine Werbeagentur. Aber – Zufall oder Schicksal? – der Junge kam in eine Bäckerei.

Am Ende des dreiwöchigen Lehrgangs fühlte sich Bouabsa nach eigenen Worten wie „verzaubert". Als wäre das Baguette ein *baguette magique* gewesen, so das französische Wort für Zauberstab. Anfangs

Den richtigen Riecher müssen die Preisrichter bei Baguette-Meisterschaften schon haben. Beansprucht werden auch ihre Sinne für Geschmack und Optik des Brotes

vollzog sich die Verwandlung des Jungen zum Leidwesen seiner Mutter. Sie fand es schier zum Verzweifeln, dass ihr Sohn dem Gymnasium nun eine Bäckerlehre vorzog. Auf welch atemraubend glückliches Ende diese Geschichte zulief, zeigte sich acht Jahre später. 2004 wurde Anis Bouabsa vom damaligen Präsidenten Chirac zum „Meilleur Ouvrier de France" gekürt. Die Auszeichnung – wörtlich: „bester Arbeiter Frankreichs" – existiert seit 1924 und ist heute, im Zuge des Pariser Retro-Trends, begehrter denn je. Vor der Boulangerie eines „Meilleur Ouvrier de France" bilden sich die besagten Trottoir-Schlangen, und zwar nicht nur sonntagmorgens. Das „beste Baguette von Paris 2008" hat Anis Bouabsa endgültig zur Legende gemacht.

Und nun klopft der nächste Bäcker aus Afrika an die Tore von Paris: Djibril Bodian. Mit dem Postulat, am Eiffelturm sei doch noch alles möglich. Auch in Zeiten nicht funktionierender Integrationsversuche und Krawallen in Vororten. Deren Bewohner, weil sie schwarz sind oder muslimisch oder beides, fühlen sich ganz unfranzösisch. Aber nun können sie mit eigenen Augen sehen, wie einer der Ihren nationalen Ruhm erlangt. Und nicht, wie gewöhnlich, im Stadion, bei Fußball oder Leichtathletik. Sondern im Kerngebiet der französischen Zivilisation: im Reich des Baguettes.

Erzählt vom diesjährigen Sieger, der nach seinem Triumph nun die Worte wiedergefunden hat, kennt Paris 2010 kein schöneres Märchen als dieses:

Monsieur Bodian, wie sind Sie zum besten Baguette-Bäcker von Paris geworden?

Es fing damit an, dass schon mein Vater Bäcker war. Damals im Senegal, und auch später, nach seiner Ankunft in Frankreich.

In Paris?

Nein. Wir zogen vom Senegal nach Pantin, in die Banlieue im Norden von Paris. In der Boulangerie, in der Vater angestellt war, durften meine Geschwister und ich nach Feierabend mit dem Sohn des Besitzers Bäcker spielen. Wir vermanschten Mehl und Wasser zu Teig, manchmal taten wir Hefe dazu und schoben das Ganze in den Ofen.

Und wann wurde aus dem Spiel dann Ernst?

Als ich mit der Schule fertig war, hatte ich keine Ahnung, was ich mit meinem Leben anfangen sollte. Aus einer Banlieue wie Pantin betrachtet, wirkt die Zukunft nicht gerade inspirierend. Also folgte ich einfach dem Beispiel meines älteren Bruders. Er war Konditor in derselben Bäckerei geworden, in der mein Vater arbeitete. Es schien ihm zu gefallen. Aber für mich war dort kein Platz mehr.

So sind Sie dann nach Paris gelangt.

Ja, seit zwölf Jahren arbeite ich in der Bäckerei Le Grenier à Pain, in der Rue des Abbesses auf Montmartre. Ein schönes Viertel, so, wie wir uns im Senegal Paris vorgestellt hatten.

Was ist das besondere Geheimnis Ihres Baguettes?

Es ist wie mit anderen Dingen auch: Qualität braucht Zeit und Sorgfalt.

Stört es Sie nicht, dass Ihr Baguette zwar zum besten gekürt worden ist, Sie persönlich aber kaum davon profitieren können?

So ist es nun mal: Der Gewinn des Titels bringt der Hersteller-Bäckerei bis zu ein Fünftel mehr Jahresumsatz ein. Gut für meinen Chef. Aber natürlich habe auch ich Pläne.

Etwa eine eigene Bäckerei mit dem Schild „Meilleure Baguette de Paris 2010" im Fenster?

Nur so viel: Mein Zukunftsplan ist mir nicht erst mit dem Titelgewinn gekommen. Nur war es vorher schwierig, einen Kredit zu erhalten. Jetzt, als bester Baguette-Bäcker der Stadt, laufen mir die Banken hinterher. ∎

**Michael Stührenberg** zog 1974 nach Paris, wo er zunächst direkt neben einer Boulangerie wohnte. Eine prägende Erfahrung, wie er nun findet.

| INFO |
| --- |
| ▶ BOULANGERIEN |

## Die besten Baguette-Adressen von Paris

**BARAPAIN**
27 boulevard du Temple, 3. Arr., Metro Filles du Calvaire oder République, www.barapain.com
Zwar ist Benjamin Turquier „nur" Zweiter beim Grand Prix geworden. Doch unterhält er, 50 Meter von seiner Boulangerie im Marais *(134 rue de Turenne)* entfernt, auch eine Brot-Bar, in der mehr als 20 verschiedene Brotsorten durch ihre Assoziation mit Käse, Schinken, Tapenade zur Geltung kommen. Besonders empfehlenswert: das Buffet, Do 19.30–22.30 Uhr.

**ERIC KAYSER**
10 rue de l'Ancienne Comédie, 6. Arr., Metro Odéon, www.maison-kayser.com
Der „Kaiser" unter Frankreichs Bäckern: Eric Kayser, Sohn, Enkel und Urenkel von Bäckermeistern, hat sein Reich auf den ganzen Planeten ausgedehnt: 70 Boulangerien, in Tokio, Moskau, Beirut, Tanger, Dubai… Und natürlich in Paris. Seine erste Bäckerei eröffnete er 1996 im Quartier Latin, seither sind über ein Dutzend hinzugekommen. Jede von ihnen rühmt ihr „eigenes" Baguette. Kosten Sie jenes in Saint-Germain.

**JEAN-PIERRE COHIER**
270 rue Faubourg Saint-Honoré, 8. Arr., Metro Ternes
Das „Tradi" dieser Bäckerei gewann den „Grand Prix de la Meilleure Baguette de Paris 2006". Bäckermeister Cohier ist auch bekannt für seine erstklassigen Pain de campagne, Pain de seigle und Pain aux céréales.

**LA FOURNÉE D'AUGUSTINE**
96 rue Raymond Losserand, 14. Arr., Metro Plaisance
Sieger beim „Grand Prix de la Meilleure Baguette de Paris 2004", ist das „Baguette d'Or" des Meistergespanns Mélanie Hardouin, Pierre Thilloux berühmt für goldene Kruste und luftige Krume.

**LA LAUMIÈRE**
30 avenue de la Laumière, 19. Arr., Metro Laumière
Diese Bäckerei, die bisher keinen offiziellen Preis erhielt, hat sich mit ihrem Baguette „La Laumière" immerhin die längste Warteschlange des Pariser Nordostens erbacken.

**LE GRENIER À PAIN**
38 rue des Abbesses, 18. Arr., Metro Abbesses
Hier backt Djibril Bodian, Bäcker des „Besten Baguettes von Paris 2010".

**LE MOULIN DE LA VIERGE**
105 rue Vercingétorix, 14. Arr., Metro Pernety
Die Wahrzeichen dieser hübsch geschmückten Boulangerie sind Bio-Mehl und Natur-Hefe. Ihr Baguette hört auf den seltsamen Namen „Paresseuse": Faulenzerin.

**PAIN D'EPIS**
63 avenue Bosquet, 7. Arr., Metro École Militaire
Nach später Bäckerlehre hat der studierte Agronom-Ingenieur Thierry Dubois seine Boulangerie in einem der feudalsten Viertel eröffnet. Mit Erfolg. Sein knuspriger Bestseller: „Baguette royale".

# Wohlfühlen

Kann man den eigenen Körper neu erfinden? BRIGITTE BALANCE hat es ausprobiert. Wir haben vier Frauen bei Kraft-Workout, Rebalancing, Gyrokinesis und Yoga begleitet. Und dabei erlebt, wie man wieder zu einem neuen Lebensgefühl finden kann.

Mit Extraheft: **TriloChi**

Laura Saglio, 32, Pressesprecherin

# Die Pariserin

»Überall in der Luft zittert Freude, man tut nichts, als die Frauen anzustaunen.« So ließ sie einst den Schriftsteller Guy de Maupassant schwärmen – und nicht nur ihn: *la Parisienne* erschien der Männerwelt charmant und selbstbewusst, mal ein bisschen luderhaft, dabei jedoch stets elegant und mit Wespentaille. Und heute? Was denkt sie über Liebe, Leidenschaft, das Leben? GEO Special hat elf Pariserinnen und einen Pariser zu Hause besucht

FOTOS ¬ **BAUDOUIN**   INTERVIEWS ¬ **HANS-HEINRICH ZIEMANN**

*Laura Saglio über das, was eine Pariserin ausmacht*

**GEO Special: Ist die Pariserin noch so einzigartig, wie sie angeblich einmal war?**
LAURA SAGLIO: Ja. Die typische Pariserin unterscheidet sich weiterhin deutlich von Frauen, die etwa für London, Berlin, New York oder Rom typisch sind. Und fast mehr noch als durch die Dinge, die sie tut, charakterisiert sich die Pariserin dadurch, was sie niemals tun würde.
**GEO Special: Zum Beispiel?**
LAURA SAGLIO: Eine echte Pariserin würde zum Beispiel niemals mit einem Rucksack umherlaufen. So etwas tun Touristinnen. Pariserinnen tragen Taschen.
**GEO Special: Und was noch?**
LAURA SAGLIO: Die Liste ist ziemlich lang, und natürlich variiert sie von einer Pariserin zur anderen. Aber im Wesentlichen sind wir uns einig. Es geht da um ziemlich feste Codes. Persönlich würde ich kein Make-up auftragen! Oder nur sehr dezent. Die echte Pariserin will natürlich aussehen.
Außerdem würde sie …
… die Champs-Élysées meiden. Auf jeden Fall bloß nicht dort shoppen! Die Pariserin kennt ihre Stadt, weiß, wo sie zu günstigen Preisen schöne Sachen findet. Die Champs-Élysées sind für reiche Ausländer da. Und für Banlieue-Kids, die dort bei McDonald's und Burger King einkehren.
… nie die Sonnenbrille ins Haar hochschieben. Paris ist nicht Marseille oder Nizza.
… sich nie auf der Straße oder im Restaurant nach Berühmtheiten umdrehen. Etwa nach Johnny Depp und Vanessa Paradis, die man hier ja relativ oft sieht. People-Anbeterei gehört zu den unelegantesten Dingen, die wir uns in dieser Stadt vorstellen können. Groupie ist man, wenn überhaupt, bis 16. Danach wird es peinlich.
… sich vor modischen Exzessen hüten. Wie man als totaler Punk oder extrem gruftig durch die Gegend spazieren kann, bleibt das süße Geheimnis der Londonerinnen.
… Männern aus dem Weg gehen, die sich gern bemuttern lassen. Offenbar herrscht im Ausland der Glaube, Pariserinnen wären besonders sanft und verständnisvoll im Umgang mit Männern. Da liegt ein Missverständnis vor! Eher ist es so, dass die meisten Frauen in dieser Stadt heute nichts höher schätzen als ihre Unabhängigkeit. Dabei betont feminin und elegant zu wirken, ist uns umso wichtiger.
**GEO Special: Und was steht auf der Liste der Dinge, die eine Pariserin liebt?**
LAURA SAGLIO: Auf Anhieb fällt mir jetzt nur eines ein: das Café. Eine Pariserin braucht ihr „eigenes" Café, besser noch: zwei Cafés. Das erste ist das Tages-Café: ein Ort wie ein zweites Büro, nur angenehmer. Hier kann ich mich beruflich verabreden, in Ruhe meinen Laptop benutzen und etwas Leichtes essen. Mein Tages-Café ist „Chez Sésame" auf dem Quai de Valmy am Kanal Saint-Martin. Den Namen meines Abend-Cafés verrate ich nicht. Dort treffe ich meine Freunde zum Aperitif, bevor wir uns in die Nacht stürzen.

Colombe Lauriot, 25, Kostümbildnerin

**GEO Special:** Sprechen wir über die Liebe. Wie muss der Mann sein, der einer Pariserin gefällt?

COLOMBE LAURIOT: Ich kann nur sagen, welche Eigenschaften derjenige haben sollte, der mir gefallen will. Welche Schlüsse Sie daraus für die übrigen Einwohnerinnen von Paris ziehen, ist Ihre Sache.

**GEO Special:** Einverstanden. Also: Wie stellen Sie sich Ihren persönlichen Idealmann vor?

COLOMBE LAURIOT: Am wichtigsten: Er muss Humor besitzen! Damit meine ich natürlich nicht den notorischen Witze-Reißer. Sondern jemanden, der die Welt aus der notwendigen Distanz heraus betrachtet. Mit einem amüsierten und nachsichtigen Blick. Ohne Hang zu Tragik und Sensationslust. Dieser Mann muss wie ein Philosoph gegen das Grau im Alltag sein.

**GEO Special:** Wäre dies tatsächlich die wichtigste Eigenschaft Ihres Idealtyps?

COLOMBE LAURIOT: Na ja, vielleicht sind die beiden folgenden Eigenschaften genauso wichtig. Nummer zwei: Er muss neugierig sein. Nicht gegenüber dem, was sein Nachbar gerade treibt, sondern neugierig gegenüber den Geheimnissen der Welt und des Lebens. Zum Beispiel ein Mann, der viel reist: nicht als Geschäftsmann, sondern als einer, der Antworten auf Fragen sucht. Denn ein solcher Mann würde auch mich ständig mit auf Reisen nehmen, und sei es in Paris selbst. Abends würde er mich einladen zu total Ausgefallenem. Etwa zu der letzten Vorstellung eines magischen Zigeuner-Zirkus in irgendeiner schäbigen Banlieue. Oder in ein sagenhaft tolles Restaurant, das vor uns noch niemand entdeckt hat. Kurz: Es geht um einen Mann, der mich überrascht.

**GEO Special: Und die dritte Eigenschaft?**
**COLOMBE LAURIOT:** Eleganz natürlich. Wobei es sich dabei eigentlich um eine Doppel-Eigenschaft handelt. Zum einen muss dieser Mann eine gewisse Sorgfalt und ästhetische Ambition in puncto Kleidung an den Tag legen. Und zum anderem muss seine Eleganz auch in seiner gesamten Haltung zum Ausdruck kommen. Er darf keine kleinlichen Gesten an sich haben, etwa in meiner Gegenwart gemeinsam mit dem Ober die Rechnung durchgehen. Oder in Diskussionen rechthaberisch sein. Aber sind dies nicht Eigenschaften, die sich alle Frauen von Männern wünschen? Ganz egal, wo auf der Welt?

»Liebe, schrieb Victor Hugo, sei der Gruß der Engel an die Sterne. Ich sage: gewiss!«  Marine Dorfmann, 29, Filmproduzentin

---

## Wie kann ein Mann die Zuneigung einer Pariserin gewinnen?
**Thomas Montale, 51, Publizist**

**DURCH AUFMERKSAMKEIT**, und davon eine Menge! Durch Reden, womit nicht Quatschen gemeint ist, und durch einen gewissen materiellen Aufwand, so bescheiden er auch sein mag. Das Klischee der Amour fou, das Frankreich der Welt qua Film und Roman geschenkt hat, lasse ich außer Acht. Diese leidenschaftliche Liebe setzt bekanntlich alle Regeln außer Kraft. Dass die Pariserin, ein anderes Klischee, in Liebesdingen besonders begabt sei, ist Unsinn. Was sie aber von ebenso selbstbewussten Frauen etwa in Deutschland unterscheidet, oder gerechter: häufig unterscheidet, ist, dass sie Männern ihr Emanzipiertsein nicht bei jeder Gelegenheit demonstrieren muss. Sie geht mit Männern gelassen um. Kann sich zum Beispiel offen über Komplimente freuen, weil sie dahinter nicht automatisch eine Anmache vermutet.

Ist ein Mann ernsthaft an einer Pariserin interessiert und sie möglicherweise an ihm, sollte er bedenken, dass auf direktem Wege nichts zu gewinnen ist. Sie ist nicht die Art Frau, die sehnlich auf einen Mann gewartet hat. Er trägt die Liebesbeweislast. Die Pariserin verlangt Aufmerksamkeit, emotionale sowieso, aber auch die Einladung zu einem Diner bei einem Spitzenkoch, etwa Alain Ducasse im Plaza Athénée – also nicht im gewohnten Bistro an der Ecke –, gehört dazu sowie ein mit Überlegung ausgesuchtes Geschenk.

Ist sie romantisch? Ich glaube eher, es geht ihr um das Selbstwertgefühl. Findet sich die Pariserin vernachlässigt, so hält sich ihre Toleranz in Grenzen. Über Begründungen wie „zu viel Arbeit" kann sie nur lächeln, denn meist hat sie selbst einen Beruf, oft einen, der noch anstrengender ist als der des Mannes. Und: Verleihung des Literaturpreises „Prix Goncourt", der neue Film mit Gérard Depardieu, der TV-Auftritt des Vorzeigephilosophen Bernard-Henri Lévy, die Eröffnung einer Ausstellung im Palais de Tokyo – über all das sollte ein Mann Bescheid wissen, wenn er seine Pariserin nicht schon beim ersten Treffen langweilen will.

## Woran ist eine echte Pariserin sofort zu erkennen?
**Martine Sitbon, 61, Modedesignerin**

**BEI MEINER ARBEIT** habe ich immer ein klares Bild der *Parisienne* vor Augen. Sie hat eine natürliche, fast möchte ich sagen angeborene Eleganz – womit ich nicht die klassische „damenhafte" Eleganz meine, sondern eine lässige Souveränität. Die Pariserin ist präsent, doch sie präsentiert sich nicht. Auffälliges Make-up, affektiertes Gehabe und drastisch zur Schau gestellte Sexualität à la Hollywoodstar lehnt sie ab. Ihre Erotik, die *pouvoir de séduction*, ihre Verführungskraft, zeigt sie in Andeutungen.

Mode ist für die Pariserin, wie ich sie kenne, mehr als nur schmückendes Beiwerk: Sie ist wichtiges Kommunikationsmittel. Wie könnte es anders sein in dieser Stadt mit ihrer großen Modetradition? Wir Designer müssen unseren Kundinnen in Sachen Geschmack nichts mehr beibringen. Die Pariserin macht ihre Mode selbst, mithilfe unserer Entwürfe. Sollten Sie eine Frau sehen, die perfekt durchgestylt gekleidet ist, kommt sie im Zweifel nicht aus Paris. Hier ist es üblich, sich durch spielerisches Kombinieren unterschiedlicher Elemente – Rock vom Designer, Handtasche vom Flohmarkt – seinen eigenen Stil zu schaffen. Alles ist erlaubt. Solange die Eleganz nicht darunter leidet.

»Natürlich ist Mode oberflächlich. Aber gibt es etwas Wichtigeres?«
Sylvia Jorif, 40, Journalistin

## Lauren Bastide über die Mode

**GEO Special:** Als derzeit bekannteste Fashion-Journalistin von „Elle" bestimmen Sie wesentlich mit, was in der Stadt in ist. Verleiht Ihnen das ein Gefühl von Macht?

**LAUREN BASTIDE:** Ich verstehe mich eher als Ratgeberin meiner femininen Leserschaft. Als jemand, der den Frauen hilft, sich im Überangebot der Pariser Reize zurechtzufinden.

**GEO Special:** Welche Art von Ratschlägen erteilen Sie denn?

**LAUREN BASTIDE:** Ich definiere meine Arbeit als *décryptage éthique*. Das heißt, ich mache keine Werbung für diese oder jene Marke, sondern ich suche nach Möglichkeiten, wie sich meine Leserinnen gleichzeitig modisch und preisgünstig kleiden können. Nehmen Sie beispielsweise den Chloé-Look! Chloé ist eine teure Marke; es gibt kaum ein Kleid unter 2000 Euro. In seiner Fashion-Show im Herbst 2009 hat dieses Modehaus den Akzent auf Jeans gelegt: klassische Jeanshose mit Jeanshemd. Danach habe ich in meiner Rubrik geschrieben: Holen Sie Ihre alte Jeans aus dem Schrank, kaufen Sie sich ein dazu passendes, preiswertes Jeanshemd, und Sie sind voll im Trend des Chloé-Looks!

**GEO Special:** Was ist denn derzeit sonst noch Tendenz in Paris?

**LAUREN BASTIDE:** Na ja, alles Mögliche, zum Beispiel: eher Blackberry als iPhone. Oder eher mein Viertel um Saint-Georges im 9. Arrondissement als Saint-Germain und Saint-Michel am linken Seine-Ufer. Oder *la nuit vintage*: Nachtklubs, die früher Mode waren und es nun wieder werden. Etwa „Chez Castel" in der Rue Princesse. Oder auch „Le Bus Palladium" auf Pigalle.

Lauren Bastide, 30, Journalistin

**GEO Special: Und der Gesamttrend?**
LAUREN BASTIDE: Der geht in Richtung Genuss mit Maß, weg vom Ausflippen in superkurzen Röcken mit superhohen Absätzen auf superschrillen Koks-Partys.

**GEO Special: Gibt es, aus Ihrer Perspektive betrachtet, heute noch immer einen entscheidenden Unterschied zwischen der Pariserin und Frauen in London, Mailand oder New York?**
LAUREN BASTIDE: Auf jeden Fall einen: Die Pariserin trägt abends oft das Gleiche wie tagsüber. Für modebewusste Frauen in den anderen genannten Fashion-Metropolen wäre das undenkbar. Dort zieht man sich am Abend um, kleidet sich festlicher. In Paris kleide ich mich so, wie es meinem Geschmack entspricht. Der Unterschied liegt in Details, die in meiner Hand- beziehungsweise in meiner Westentasche warten und die ich dann auf dem Weg vom Büro direkt zu einem Diner oder einer Vernissage zum Vorschein bringe: ein Lippenstift und ein Paar Ohrringe, Letztere vielleicht mit Diamanten besetzt.

## Prune Nourry über Kunst und Lebenskunst

**GEO Special:** Einst stand Paris auch für *la bohème*, ein Künstlerleben aus Luft und Liebe. Gibt es das heute noch?

**PRUNE NOURRY:** Ich glaube schon. Ich bin doch selbst ein Teil dieser Boheme. Natürlich gleicht sie nicht mehr jener von einst, als Künstler ihre Ateliers auf Montmartre oder Montparnasse hatten. Die Rolle der Frauen zum Beispiel: Damals waren diejenigen, die Kunst machten, fast nur Männer, meist Maler. Frauen traten hauptsächlich als Aktmodelle in Erscheinung.

**GEO Special:** Und das tun sie heute nicht mehr?

**PRUNE NOURRY:** Nun, jetzt sind endlich auch wir Frauen Künstler. Wer nackt bleiben möchte, lässt sich eher für den „Playboy" fotografieren. Ich bin *sculptrice*, Bildhauerin und Plastikerin. Seit zwei Jahren habe ich ein Atelier. Es liegt im Quartier um la Nation, einem für das heutige Künstler-Paris typischen Standort. Da wir viel Platz brauchen, aber wenig Geld haben, mieten wir, wo es am billigsten ist. Und das ist inzwischen der Pariser Osten, das 20. Arrondissement, von Nation über Père Lachaise und Ménilmontant bis Belleville.

**GEO Special:** Verbringen Sie viel Zeit im Atelier?

**PRUNE NOURRY:** Nein, für meine Projekte bin ich oft im Ausland unterwegs. Aber ich kehre immer wieder nach Paris zurück, Paris ist das Herz meiner Welt. Gestern und Morgen perfekt gemischt. Eine sehr anregende Atmosphäre.

**GEO Special:** Und was entsteht daraus?

**PRUNE NOURRY:** Bekannt geworden bin ich mit den „Bébés domestiques", einer Serie von Skulpturen in Harz oder Silikon, die Hybriden darstellen: halb menschliches Baby, halb Hund. Ich setze irgendwo in Paris ein angeleintes Baby auf dem Trottoir aus. Dann beobachte ich, wie Passanten reagieren. Männer lachen oft, Frauen sind eher schockiert, Hunde bellen wütend. Irgendwann hebt jemand das Baby auf, nimmt es mit. Am nächsten Morgen gebe ich Suchannoncen auf: „Baby vermisst!" Aber nur in wenigen Fällen meldet sich jemand. In der Regel wird das Baby „adoptiert".

Prune Nourry, 25, Künstlerin

Marijo Margerin, 50, Lebenskünstlerin

**PERSÖNLICH VERSTEHE ICH MICH** nicht als Lebenskünstlerin. Kunst und Paris, das hat in meinen Ohren keinen guten Klang. Nun ja: Wir alle versuchen irgendwie, unser Leben als Kunstwerk zu gestalten, nicht wahr? Meine Herangehensweise besteht in der Ansammlung von nutzlosen Dingen, zu denen ich eine emotionale, ja fast fleischliche Beziehung entwickele. Jeden dieser Gegenstände habe ich selbst mit Sorgfalt ausgesucht. Die meisten stammen von Flohmärkten und Entrümpelungen und zeugen durchweg von schlechtem Geschmack. Zum Beispiel: kleine Buddha-Statuetten, Totenköpfe, fliegende Hexen, Figuren aus Tim-Burton-Filmen, orangefarbene Deko-Objekte aus der 1968er-Zeit und so weiter. Zum Glück habe ich ein großes Apartment, in dem ich eine Menge Zeugs unterbringen kann. Meine Sammlung erstreckt sich über sämtliche Räume meiner Wohnung, inklusive Küche, Badezimmer, Toilette.

Manchmal fragen mich Freunde und Bekannte natürlich, warum ich mein Leben mit dem Ansammeln von Krimskrams verbringe. Meine Standardantwort: Auf Dauer kommt mich das deutlich billiger als der wöchentliche Termin beim Psychiater.

Judith Lipietz, 38, Schulpsychologin mit zwei Kindern

**GEO Special: Gibt es eine typische Pariser Mutter?**
JUDITH LIPIETZ: Absolut! Sie ist ein Typus, der aus dem Zusammenspiel von vielen Interessen und wenig Zeit entsteht, von Liebe zu den Kindern und Freude an dem, was uns das Leben sonst noch zu bieten hat. Deshalb ist die Pariser Mutter in erster Linie Expertin in Stressbewältigung.

**GEO Special: Wie sieht das konkret aus?**
JUDITH LIPIETZ: Um halb acht morgens wecke ich Gabriel und Clara, gebe ihnen Starthilfe, gehe unter die Dusche. Um zehn nach acht rennen wir los, um zwanzig nach öffnet die Schule, um neun Uhr muss ich in meinem Büro in der Banlieue sein. 35 Minuten durch dichten Verkehr, dabei überlegen, was ich in der Mittagspause fürs Abendessen kaufen werde und wie ich die diversen Wünsche von Clara und Gabriel erfüllen kann, Klaviernoten, ein dringend benötigtes Buch... Um die Kinder um halb fünf von der Schule abzuholen, haben wir eine *nounou*, eine Kinderfrau, ohne die gar nichts ginge. Je nach Verkehrslage komme ich zwischen sechs und halb sieben Uhr abends nach Hause. Dann blei-

ben mir zwei Stunden, um Essen zu machen, zu waschen, die Schulaufgaben zu kontrollieren, die Freuden und Sorgen meiner Familie zu teilen. So geht es vier Alltage pro Woche. Ein Kunststück, dabei noch Zeit für Lektüre zu finden.

**GEO Special:** Das hört sich atemraubend an. Klappt das immer wie geplant?

**JUDITH LIPIETZ:** Fast immer. Mein Albtraum ist natürlich, dass irgendetwas mein präzise abgestimmtes Timing zum Einsturz bringen könnte. Etwa: Clara wird krank und kann nicht zur Schule, oder die *nounou* ruft an und kündigt wegen eines besseren Jobs. Haben wir alles schon gehabt. Dann muss blitzschnell eine Lösung her: *une bonne copine*. Das A und O im Leben der erfolgreichen Pariser Mutter sind Freundinnen, die auch Kinder haben, aber daneben keinen Beruf. Und die bereit sind, für die *nounou* oder die Mutter einzuspringen.

**GEO Special:** Und was ist, wenn keine Freundin verfügbar ist?

**JUDITH LIPIETZ:** Weiß ich nicht, ein solcher Fall ist bislang nicht eingetreten. Hauptsächlich wohl, weil der schulfreie Mittwoch, an dem auch ich nicht zur Arbeit gehe, der Pflege von Mütterfreundschaften gewidmet ist. Unsere Gruppe besteht aus acht bis zehn Frauen. Wir treffen uns im Park, veranstalten mit den Kindern ein Picknick, reden stundenlang bei einem Plastikbecher Wein. Bei Regen oder Kälte organisieren wir Kinotrips, Kinderfeste, Workshops. So festigen wir unser Mütternetzwerk. Nur als Gruppe sind wir unschlagbar.

**GEO Special:** Das klingt so, als hätten Sie nur wenig Zeit für anderes als Ihre Kinder.

**JUDITH LIPIETZ:** Der Eindruck täuscht. Mein Mann Jean-Jacques und ich gehen sehr oft aus. Und einen Teil der Sommerferien, die in Frankreich zwei Monate dauern, verbringen unsere Kinder in einer Ferienkolonie. Für mich und Jean-Jacques bedeutet das mindestens zwei Wochen ohne Pflichten. Ausschlafen, Kino, Theater, Café. Und jeden Tag auswärts essen!

»*Mein Leben führe ich in Eigenregie*«

Lisa Paclet, 29, Regisseurin

## Liebt jeder die Pariserin?
**Camille Ceysson, 24, Büroangestellte**

**S**IE IST VOR EINEM JAHR aus ihrer heimatlichen Bretagne nach Paris gezogen. Tagsüber arbeitet Camille Ceysson in einem Büro auf den Champs-Élysées, abends widmet sie sich ihrem Blog MamzelleC, auf dem sie kürzlich ihre Rechnungen mit „echten Pariserinnen" beglich: „*Une vraie Parisienne* nimmt zum Beispiel nie die Metro. U-Bahn fahren nur Touristen und *immigrés*, Einwanderer aus Afrika. Deshalb nimmt die Pariserin den Bus. Und später, wenn sie älter ist, das Auto. Dadurch trägt sie zu dem wunderschönen Smog bei, der über der Stadt wabert und diese bei Sonnenaufgang in ein ... ja, fast übernatürliches Licht taucht. Seit Kurzem fährt die Pariserin auch Fahrrad und trägt zu ihrer vestimentären Eleganz noch ein Bio-Bewusstsein. Abgesehen davon ist Fahrradfahren gut gegen Cellulitis und hilft der Pariserin, die von ihr so geschätzte Figur elfengleicher Schlankheit zu bewahren. Alles in allem ähnelt die *Parisienne* den Champs-Élysées, der angeblich prächtigsten Avenue der Welt. Die mag manchmal tatsächlich verführerisch aussehen: aus der Distanz, in einer Winternacht, im Schein der Lichter. Viel unattraktiver erscheint diese Straße, wenn man dort tagsüber im Verkehrsstau steckt. Natürlich ist nicht jede Frau in Paris auch eine echte Pariserin. Vielleicht gehört sie auch, wie ich, zu jenen, die aus der Provinz ‚nach Paris aufgestiegen' sind. Und die, nachdem sie einst über die ‚Pariser Schlampen' hergezogen sind, nun bei sich selbst die ersten Anzeichen einer schrecklichen Metamorphose spüren."

# VON MYTHEN UND ANDEREN MÄRCHEN

Paris ist die Stadt der Liebe, des Lichts, der Mode, der Mona Lisa. So steht es in jeder Neuauflage jedes Reiseführers. Und kaum irgendwo sind sich Klischee und Lebenswirklichkeit tatsächlich näher. Warum aber ist das so?

TEXT ¬ **ULLRICH FICHTNER**

Klischees verhüllen die Wahrnehmung, ja sie können die Wahrheit verbiegen, aber Paris und die Pariser und auch all jene, die nur auf Zeit zu Parisern werden, tun beharrlich viel dafür, die von aller Welt bestellten Bilder immer wieder zu liefern.
Zu begehen sei ein literarischer Ort, erschlossen über „quirlige Boulevards" und „enge Gässchen"; Paris sei „Schönheit und Romantik auf Schritt und Tritt", jubelt der Lonely Planet Guide. „Wer nicht wochenlang in Paris ist", schreibt der Baedeker, „hat die Qual der Wahl". Wie auch immer: Kaum irgendwo sind die Bilder der hochglänzenden Prospekte derart deckungsgleich mit der Realität. Und kaum irgendwo bleiben die Mythen derart frisch.

Neun Szenen, neun Versuche einer Erklärung:

### DIE STADT DER MONA LISA

**ES GEHT AN STARBUCKS VORBEI**, im unterirdischen Carrousel du Louvre Richtung Denon-Flügel, dort eine Treppe hinauf, durch ein Stück Antikensammlung. Bald ist, kopflos, die Nike von Samothrake zu sehen, unten links ginge es zur Venus von Milo, oben rechts geht es in die Grande Galerie, und dann bald hinein in Saal 6, „renoviert dank der Hilfe von Nippon TV", und da ist es: das Bild, 77 mal 53 Zentimeter groß. Da ist sie: Mona Lisa. Sie lächelt.

Fast 27 Millionen Touristen finden jedes Jahr den Weg nach Paris, mehr als acht Millionen Besucher zählt der Louvre, sechs Millionen Menschen wollen die Mona Lisa sehen, das macht abzüglich der Schließtage (immer dienstags) ungefähr 19 000 Schaulustige pro Tag oder gut 2100 pro Stunde von 9 bis 18 Uhr. Das ist viel.

Am ersten Sonntag im Monat, wenn der Museumseintritt frei ist, kommen manchmal mehr als 7000 Menschen pro Stunde, dann herrscht hier Tumult: Sonntage gab es schon, an denen binnen neun Stunden 65 000 Menschen zur Mona Lisa pilgerten. Das Bild ist dann praktisch nicht mehr zu sehen, es verschwindet hinter einer Mauer aus Menschen wie ein Fußball, der vom Spielfeld hinauf in die Ränge eines ausverkauften Stadions getreten wird.

Hätte Mona Lisa, La Gioconda, Augen zu sehen, sie sähe tagein, tagaus die seltsamsten Szenen. Junge Mädchen aus Fernost schlagen die Hände vors Gesicht und kreischen im Moment, da sie ihrer gewahr werden. Junge Männer führen Kapuzen-Sweatshirts aus, auf denen steht: „Blowjob is better than no job", und in ihrer Begleitung gehen tätowierte Damen, die ähnlich viel Haut zeigen wie die Göttinnen in Öl ringsum.

Viele im Tross tragen Kopfhörer, die man sich im Louvre für zehn Euro mieten kann, mit dem Soundwalk zum Film „The Da Vinci Code". Der Audioguide führt zu den Schauplätzen von Dan Browns Schauerroman, man spaziert zur Filmmusik durch die Säle, man kann sich Tom Hanks auf der Flucht vorstellen. Und das Lächeln von Audrey Tautou, im Ohr ihre superschlauen Dialoge über Gott und die Welt und was sie zusammenhält.

Mit dem Louvre hat das nicht weiter viel zu tun, aber die Museumsdirektion sagt vornehm, man habe durch Dan Brown „neue Zielgruppen für den Louvre interessieren können". Das Museum hatte jedenfalls, als das Buch 2003 in den USA erschien, 5,9 Millionen Besucher. Und im Jahr 2006, als endlich die Verfilmung in den Kinos anlief, kamen schon, man stelle sich vor, 8,3 Millionen Menschen.

### DIE STADT DER HAUTE CUISINE

**ALS DIE HEUTIGE PLACE DES VOSGES** als Place Royale am 5., 6. und 7. April des Jahres 1612 eingeweiht wurde, vor 10 000 hochehrenwerten Zuschauern, mit Reiter- und Ritterspielen, Blaskapellen und Kanonensalut von der nahen Bastille, nahm König Ludwig XIII., eben mit Anna von Österreich verlobt, mit seinem Gefolge Quartier im Palast mit der Hausnummer 9, dort, wo sich heute das Restaurant Ambroisie befindet.

Der Chef hier heißt Bernard Pacaud, er hält drei Michelin-Sterne seit 1986, er ist ein beharrlicher, bescheidener Arbeiter, der das Licht der Öffentlichkeit scheut, obwohl er ein Weltstar sein könnte. Zurückgezogen, in aller Stille, das heißt, im Lärm seiner Küche, bearbeitet er die edelsten Produkte der Welt: Lämmer aus der Lozère, Hummer aus der Bretagne, Hühner aus der Bresse, Kälber aus dem Limousin, und es ist dabei, als wären der Ort, seine Geschichte, der Koch Pacaud und seine Künste, das antike Mobiliar und die Gobelins an den Wänden zu einem Gesamtkunstwerk verschmolzen, in dem sich der ganze Mythos Paris auf einmal spiegeln will.

Der Raum draußen, es sind drei offene Säle in einer eleganten Flucht, wo die Kellner ihr leises Ballett aufführen, atmet in jedem Detail die Anmut jahrhundertealter Erfahrung in perfekter Gastlichkeit. Im Arrangement der Tische, in den Gedecken, den Farben und Formen ist Wissen gespeichert, das sich nicht auf Berufsschulen lernen, sondern nur weitergeben lässt, langsam, stetig, von Generation zu Generation, vom Meister zum Schüler.

Ein Essen hier, mit Wein und Käse und allem, kostet ungefähr so viel wie ein zweiwöchiger Pauschalurlaub in Teneriffa, aber anders als die Reise wird es unvergesslich bleiben. Denn das Essen – gelackte Bresse-Täubchen mit karamellisierten Zwiebeln, doppeltes Kalbskotelett mit geschmorten Salatherzen, gebratener Rücken vom Sankt Petersfisch auf Muschelragout und Zitronengras – ist nur ein Element des Zaubers, das wesentliche. Weil sich dazu aber alles andere fügt, das Licht, das Dekor, die Bewirtung, die Klasse, stellt sich beim Gast ein vollendet königliches Gefühl ein.

## DIE STADT DES CHARMES

**DIE RUE DE TURENNE** ist eine lange Straße der Schneider, Grossisten die meisten, sie fertigen Herrenanzüge für den Weltmarkt in großen Partien. Die Kundschaft kommt gern aus Afrika, man stopft sich die Laderäume von Kleinlastwagen voll mit Sakkos und Hosen, kartonweise Hemden und 800 Schlipsen, um sie in Marseille bald auf die Fähren zu verladen. Im Haus mit der Nummer 62 – 1660 erbaut von Louis Boucherat, einem späteren Kanzler Ludwigs XIV. – kommen auch die Damen zum Zug, die jungen, schönen Bräute von Paris.

Der kleine Laden heißt „Une fille à marier", eine Tochter, ein Mädchen zum Heiraten. Und weil der Besitzer eine geniale Idee hatte, bietet sich hier ein Schauspiel, so entzückend, dass die Passanten manchmal nicht anders können, als lächelnd weiterzugehen.

Der Besitzer ist ein knorriger Mensch, immer das Maßband um den Hals und die Brille tief auf der Nase, er arbeitet Kleiderkreationen von Bochet auf Maß und hat sich seinen Laden gemütlich eingerichtet. Die Ankleide ist geräumig, das Licht gefällig, es stehen Stühle herum, Kleiderpuppen, cremeweiße Schuhe, es geht zu wie in einem Café.

Regelmäßig finden dann die Generalproben statt, und sie sind Schauspiele der ganz besonderen Art. Der Schneider lässt, genial wie er ist, seine Kundinnen, dick oder dünn, lang oder klein, schön oder nicht, auf ein Podest steigen, damit sie sich von oben herab in königlicher Pose im großen Spiegel bewundern können, nun, das machen viele Brautausstatter in Paris heutzutage so. Hier aber, in der Rue de Turenne, steht das Podest weit, weit vorn im Laden, gleich rechts der Tür, praktisch im Schaufenster, sodass die Anprobe zur öffentlichen Angelegenheit wird. Bräute und Passanten teilen den magischen Moment der Verkleidung, der Brautwerdung, die tausend verkreuzten Gefühle, wenn es um eine Hochzeit geht – und manchmal treffen sich die Blicke für einen kostbaren Sekundensplitter im Getriebe der Stadt.

## DIE STADT DER MODE

**WENN SICH AM MORGEN BEI GUCCI IN DER AVENUE MONTAIGNE**, die einst ein Feldweg in die Sümpfe von Gourdes war, eine 40 Meter lange Menschenschlange bildet, weiß der Pariser, dass die Schlussverkäufe begonnen haben. Ägypterinnen drängen sich dann hier, Chinesinnen, Deutsche, sie belagern auch Dolce & Gabbana, und turmhoch dünne Mädchen aus Kanada und Argentinien rauchen hektisch Zigaretten vor dem Portal von Dior, sie füllen die Räume bei Chanel, wo sie herumgehen zwischen Sträußen weißer Rosen.

Stündlich schwerer beladen, ziehen sie umher, in den Händen große Taschen mit den Beutestücken des Tages, verzückt aus dem Regal gerissen bei Loewe, bei Céline, vom Ständer gezerrt bei Barbara Bui, bei Chloé, aus Vitrinen gerafft bei Jimmy Choo, bei Prada, sie alle residieren in dieser Avenue. Aber auch in den Vierteln ringsum ist die Stadt wie im Rausch, im Kaufrausch, denn *soldes* heißt mehr als Schlussverkauf, es bedeutet, dass die Konsumgesellschaft zwei bis sechs Wochen lang Amok läuft.

Wer das Treiben verstehen will, muss alles vergessen, was er über die armen deutschen Brüder SSV und WSV gelernt hat. Es geht hier nicht um Fäuste in Wühltischen, nicht um Kellnersocken im Zehnerpack, es geht nicht darum zu sparen, sondern darum, das Geld mit vollen Händen selbstvergessen auszugeben. Die größten, schönsten Marken räumen ihre Lager für die neue Saison, es werden Preisabschläge gewährt von 30 bis 50 Prozent, und manchmal sind die mythischen Schuhe und die Must-have-Taschen für nur noch ein Viertel des alten Ladenpreises zu haben.

Aber „nur noch", das ist angesichts der gehandelten Ware eine sehr unverbindliche Preiseinschätzung. Es sind sehr spezielle Menschen, die es für ein Schnäppchen halten, wenn der Tweedmantel von Chanel nur noch 3325 Euro kostet. Die es erregend finden, wenn der schwarz-weiße Kaschmirmantel von Valentino für nur noch 3205 Euro zu haben ist. Diese Menschen sind, natürlich, Frauen.

Und sie sind zweimal im Jahr fest verabredet in der Avenue Montaigne, im Faubourg Saint-Honoré, oder drüben in Saint-Germain. Und dann zelebrieren sie gemeinsam, was die Franzosen *la petite folie* nennen, die kleine Tollheit, wenn sie kaufen, was sie sich eigentlich überhaupt und absolut nicht leisten können.

## DIE STADT DER FRIVOLITÄT

**MOULIN ROUGE UND CRAZY HORSE**, Pigalle und der hier und da rot leuchtende Montmartre haben sich fest und fälschlich eingeschrieben in die Annalen der Stadt, die in ihrem Herzen doch eine katholische ist. Ein grober Irrtum, dass *la Parisienne*, die Pariserin, irgendwie liederlich und leicht zu haben wäre; die Schminke ist vielmehr Panzer und die Mode eine Rüstung, in der sich emanzipierte Weiblichkeit selbstbewusst bis an den Rand der Kühnheit bewegt.

Viel Stoff für Männerfantasien, von denen die meisten ganz ins Leere gehen. Aber weil Paris eine katholische Stadt ist, mit der steten Aussicht auf Vergebung, werden die Zehn Gebote nicht immer getreulich befolgt. *Cinq à sept* heißt ein Konzept, das die zwei späten Nachmittagsstunden zwischen fünf und sieben Uhr beschreibt, in denen Dinge vorgehen zwischen manchen Männern und manchen Frauen, die Anlass zu einer ausführlichen Beichte gäben. „Sieste" heißt ein charmantes →

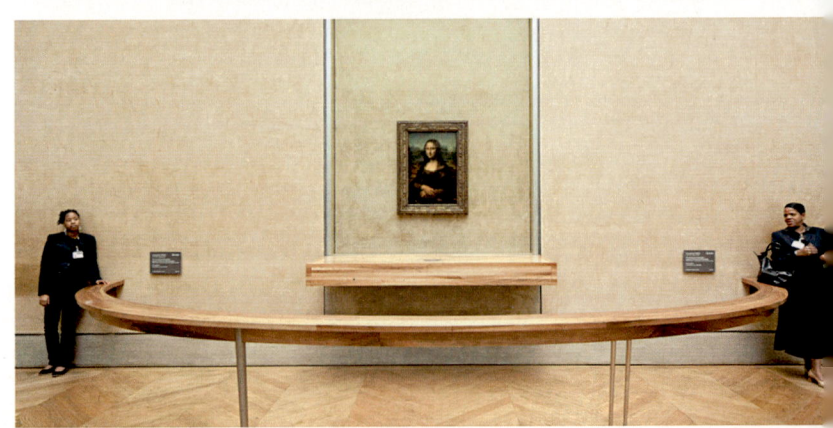

Pauschalangebot, mit dem einige Pariser Hotels neuerdings für sich werben: Im Preis inbegriffen ist ein Mittagessen – und anschließend ein Zimmer für zwei Stunden, um ... zu ruhen.

## DIE STADT DER LIEBE

**IN DER RUE DEBELLEYME** stand kürzlich ein verzweifelter Mann, spät in der Nacht. Paris ist dann menschenleer, und man hört die eigenen Schritte auf dem Pflaster, nicht nur im Marais. Im dritten Stock oben warf eine furiose Frau Schuhe aus dem Fenster, Kleiderbügel, Bücher – ein Regen, der erst endete, als der Mann drunten, nachdem er eine Zeit lang geraucht und geschwiegen hatte, aus voller Lunge rief, so laut, dass in dunklen Fenstern ringsum das Licht anging: „Mais je t'aime!"

## DIE WELTSTADT

**DER GARE DU NORD UND SEINE VIERTEL RINGSUM** erzählen raue Geschichten über Paris, solche, die in Reiseführern nicht stehen, die manchmal in Kabul beginnen und manchmal nur in Saint-Denis vor den Toren der Stadt und die doch gleichermaßen abenteuerlich sind. Der Bahnhof, der lebendigste Europas, drei Etagen tief in die Erde gefräst, erzählt im Schnelldurchlauf eine Geschichte der Ein- und Zuwanderung nach Paris.

Östlich des Bahnhofs ist zu begreifen, wie Inder, Pakistaner und Singhalesen um die Welt verwirbelt wurden und werden. Nördlich, wo Algerier, Marokkaner, Tunesier seit Jahrzehnten siedeln, ist Frankreichs koloniale Vergangenheit begehbar, noch weiter nördlich, im Goutte d'Or genannten Viertel, wo auf jedem Quadratkilometer 32 000 Menschen gedrängt leben, wohnen auf kleinem Raum große Familien aus dem Kongo, Mali und Kamerun, Einwanderer von der Elfenbeinküste und aus Madagaskar.

Vom Bahnhof aus Richtung Süden und nach Osten hin zum nicht minder imposanten Gare de l'Est sind obdachlose Afghaner und Iraker unterwegs, Displaced Persons unserer Zeit. Chinesische Schuster eröffnen Läden zwischen griechischen Imbissstuben und Elsässer Metzgern, es gibt rund um den Gare du Nord Ausländer, die erst seit Stunden hier sind, und andere, die seit Jahrzehnten hier hausen, ohne je anzukommen. Es gibt Männer, die verloren gehen in den schönen Straßen, und Frauen, die unter der Burka verschwinden, mitten in Paris.

Clochards ziehen umher, immer schon, sie hausten bis vor Kurzem in den Nischen der Bahnhofsfassade wie in einem Motel, jetzt wurde neuerlich renoviert, und die Vagabunden müssen sich andere Schlafplätze suchen. Arbeitslose Männer aus der Bretagne, aus der Picardie, aus der Provence drücken sich um die Schaufenster der Leiharbeitsfirmen in der Rue La Fayette, Fußbodenleger werden gesucht, Kranführer, Lastwagenfahrer.

Gare du Nord. Lange vor Sonnenaufgang, um kurz nach vier Uhr, wenn der Bahnhof noch wie ein Spukschloss dasteht, sitzen entlang seiner 180 Meter breiten Fassade, unter himmelhohen Giebeln, letzte Gäste in schäbigen Cafés, übrig geblieben vom Vortag. Alte Säufer geben sich den Rest um diese Stunde, junge Araber halten blonde Frauen mit bunten Getränken bei Laune, viele Gespräche bewegen sich am Rand zur Rauferei. Schlafende aus aller Herren Länder lagern auf dem Boulevard Denain in Telefonzellen und Verschlägen aus Pappe, in kleinen Parks schlafen die Afghanen auf der Flucht. Viele Geschichten, weite Reisen, kurze Fahrten beginnen und enden in Paris, am Gare du Nord.

## DIE STADT DES LICHTS

**ES GIBT IN PARIS EXAKT 6003 STRASSEN**, 1860 Briefkästen und 8481 Sitzbänke, die Seine fließt auf 12 780 Metern durch die Stadt, und um das alles ordentlich zu beleuchten, braucht es 87 542 Laternen. Sie lassen die Nächte in Paris ungefähr doppelt so hell erscheinen wie jene in Hamburg, Brüssel oder Bern, jedenfalls fühlt es sich so an, und Ähnliches lässt sich auch für die Sonnenstunden des Tages sagen.

Paris hat bei Sonne die Farben einer Szene am Meer, die Häuser spielen die Rolle des Strands, sandfarben, steingrau, der Himmel darüber ist das Meer selbst, das große Blau, endlos bis zum Horizont. Wenn sich Wolken zeigen, ist auch das Weiß der Schaumkronen da, und immer setzen sich die zugehörigen Urlauber bunt in Szene, unter den Sonnenschirmen und Markisen der Cafés und Bistros.

Das Licht der Stadt, so schrieb einst der Deutsche Wolfgang Koeppen, sei auf ewig von den Impressionisten gemalt. Deshalb gilt bis auf Weiteres die Warnung: Wer an einem windigen, sonnigen Tag auf dem Pont-Neuf steht, wenn weiße Wolken über den Himmel jagen, und wer sich mit offenen Augen und bei wachem Verstand einmal um die eigene Achse dreht, läuft Gefahr, vor lauter Schönheit verrückt zu werden.

## PARIS? PARIS!

**KAUM IRGENDWO BLEIBEN DIE MYTHEN DERART FRISCH**, obwohl sich Paris ganz grundlegend dauernd verändert und gewandelt hat. Als Hemingway die Stadt noch als ein einziges Fest beschrieb, fuhren nur wenige Autos, und die Boulevards und Avenuen sahen aus wie verkehrsberuhigt. Das Hallenviertel war noch der „Bauch" der Kapitale, ein stinkender, dampfender, lärmender Markt unermesslicher Genüsse, und die Kathedrale von Notre-Dame war überfüllt nur zu den Zeiten der Gottesdienste.

Dieses Paris, und viele andere, die groß besungen wurden, existiert nicht mehr. An manchen Tagen, wenn der Frühling begonnen hat, droht die Stadt zu ersticken am Auftrieb ihrer Besucher, der Louvre, die Champs-Élysées, der Platz Jean-Paul-II vor Notre-Dame werden unbegehbar manchmal, unerträglich, Rummelplätze des Welttourismus, und doch ... sucht und findet jeder beharrlich seine Stadt. Und ihr Panorama macht, von der Spitze des Eiffelturms gesehen oder nur aus dem Heckfenster eines Taxis in der Nacht, klein und sprachlos und seltsam glücklich. ∎

---

**Ullrich Fichtner**, 45, stand als fränkischer Austauschschüler vor 30 Jahren zum ersten Mal auf dem Montmartre und spürte: Er war angekommen. Heute lebt der „Spiegel"-Reporter mit seiner Familie im Marais.

# KRIEG DER PALÄSTE *****

**Pariser Luxushotels sind Ikonen der Verschwendung, nur haben sie eines nicht mehr im Überfluss: Gäste. Dennoch wird sich die Zahl der illustren Häuser bis 2012 verdoppeln. Ein unfeiner Verdrängungskampf im feinen Gewerbe hat begonnen**

FOTOS ¬ **ÉRIC MARTIN** TEXT ¬ **SEBASTIAN KRETZ**

› GEORGE V ‹

Oben: Wer sich im hauseigenen Rolls-Royce chauffieren lässt, muss sich nicht mit fünf Sternen begnügen. Über der Rückbank leuchtet ein Himmel aus 800 Dioden. Links: Nicht alle Gäste sind so stilsicher wie der Garçon im Spiegelbild. Der Wandteppich aus dem 18. Jahrhundert zeigt aber, dass man auch schon früher halb nackt zum Abendessen erschien

## ›PLAZA ATHÉNÉE‹

Aus der Suite Eiffel hat der Gast einen prächtigen Blick auf deren Namensgeber. Zu traditionell? Bis zum 2. September vermietet das Hotel auch Barbie-Zimmer – heftig pinkfarben vom Bett bis zur Tapete

## ›RITZ‹

Das Mobiliar des Ritz ist fast so berühmt wie seine Kundschaft: Stoff für Anekdoten bot unter anderem die Trinkfestigkeit Hemingways, Stammgast an der Ritz-Bar. Er hatte eine Intensiv-Beziehung zu Bloody Mary

# N

**NICHTS MEHR** ist wie im Winter des Jahres 1971, als Pierre Weill, Vizedirektor des Ritz, ans Sterbebett seines berühmtesten Gastes gerufen wurde. Es war der 10. Januar, ein Sonntag, Weill eilte in die Suite 304, kupfernes Bettgestell, Louis-XVI-Mobiliar. Coco Chanel saß vor dem Fernsehgerät und blickte Weill aus großen Augen an. „Mademoiselle Chanel war schon sehr schwach, ich nahm sie in die Arme und trug sie zu ihrem Bett", erinnert sich Weill, mittlerweile 82 Jahre alt. „Dann war es vorbei." Und obwohl er Stillschweigen angeordnet hatte, wusste die französische Presse schon um Mitternacht vom Tod der Modeschöpferin.

Von solchen Mythen lebt das Hotel an der Place Vendôme, der strahlendste Name unter den 5-Sterne-Palästen der französischen Hauptstadt – Hemingways furioser Sturm auf die Bar nach dem Ende der deutschen Besatzung gehört dazu, ebenso wie Prinzessin Dianas tragischer Tod in einer Limousine, gelenkt von einem angetrunkenen Sicherheitsmann des Ritz. Legenden sind das größte Kapital des Hotels, sie haben es selbst zu einer Legende gemacht.

Ein halbes Dutzend Palasthotels – so nennen sich die verschwenderischsten unter den Pariser Luxusherbergen – reiht sich zwischen Louvre und Triumphbogen auf, fast alle im mondänen 8. Arrondissement. Neben dem Ritz zählen dazu der klassizistische Palast des Crillon an der Place de la Concorde, das George V, doppeltürmiges Monument zwischen Champs-Élysées und Seine, das diskrete Bristol vis-à-vis dem Präsidentenpalast, am Tuileriengarten das Meurice unter seinem mächtigen Dachgewölbe und, mit zahllosen roten Markisen, das Plaza Athénée.

## ›PARK HYATT PARIS VENDÔME‹

**Oben: Die neuen Paläste sind nicht für rauschende Boheme-Feste bekannt – gut so: Würfe ein trunkener Gast das Fernsehgerät aus dem Fenster, landete es geradewegs im noblen Restaurant Les Orchidées. Links: In dieser Bar blühen Kunstliebhaber auf. Das grüne Gesicht ist ein Bild des US-amerikanischen Malers Ed Paschke, der auch im Centre Pompidou vertreten ist**

Der Luxus der Paläste ist Legende – der Flügel in der Suite Bernstein des Crillon mit ihren holzvertäfelten Wänden und marmornen Tischen, der Golfplatz im Hof des Ritz. Die Dachterrasse der Suite Belle Étoile des Meurice misst 250 Quadratmeter, im Spa des George V täuscht ein Wandgemälde Versailles vor, die Gäste aalen sich im Stil Marie Antoinettes. Überhaupt kann es gar nicht historisch genug sein, Louis XIV im Meurice, Louis XV im Bristol, Empire im George V.

In den bescheidensten Kammern, gemeinhin als *chambres supérieures* tituliert und um die 30 Quadratmeter groß, nächtigt man ab 500 Euro. Für den Preis einer Nacht in der Suite Royale des Plaza Athénée bekäme man zwei fabrikneue Kleinwagen – 22 000 Euro, Frühstück exklusive. Für derlei Summen vermieten die Palasthotels nicht nur Dekadenz, sondern auch einen Mythos: das Lebensgefühl der Boheme der 1920er Jahre, des mondänen Jetsets der Nachkriegszeit – und das Klassenbewusstsein der Pariser Grande Bourgeoisie.

**D**ABEI SIND DIE PALASTHOTELS seit Jahrzehnten nicht mehr in der Hand des Pariser Großbürgertums. Die 1970er Jahre brachten den großen Wandel – die Generation der Erben trennte sich innerhalb weniger Jahre von den traditionsreichen Familienbetrieben und verkaufte sie ans Ausland. Das Plaza Athénée etwa, Pariser Ikone mit geranienroter Fassade, ging bereits 1968 an eine Fondsgesellschaft. Inzwischen gehört es dem Sultan von Brunei. Das Ritz ist seit 1979 im Besitz des milliardenschweren Ägypters Mohammed Al-Fayed. Auch das George V, das Bristol, das Meurice – allesamt ans Ausland verkauft. Den Schlusspunkt setzte 2005 die Familie Taittinger; sie veräußerte das Crillon an die US-amerikanische Investmentfirma Starwood. Kein Palast ist seither mehr in französischer Hand.

Doch Ruhe kehrte nicht ein in die Branche. Bereits seit der Jahrtausendwende drängen neue, mächtige Wettbewerber auf den Pariser Markt: die internationalen Hotelketten. Mit Mythen vergangener Tage können sie sich nicht schmücken, stattdessen setzen die Neuen auf die Moderne. So wildert der Hyatt-Konzern seit 2002 im Revier des Ritz. Die neue Filiale wirbt mit Mahagoni und moderner Kunst, sie liegt →

Das Bristol ist das einzige Palasthotel in deutschem Besitz: Seit 1978 gehört es der Familie Oetker. Im Innenhof speisen die Gäste des 3-Sterne-Restaurants. Dessen Chef de Cuisine, Eric Frechon, verwendet allerdings nicht ein einziges Dr.-Oetker-Produkt. Bei 230 Euro für das Menü – Morcheln, Kalbsbries, Paranuss – darf man das erwarten

›BRISTOL‹

## ›FOUQUET'S BARRIÈRE‹

Der bislang jüngste der Pariser Paläste, 2006 eröffnet, gibt sich bescheiden: Man wolle »schamlose Verschwendung« vermeiden, heißt es. Goldene Türen, Damastsessel und Mahagoni-Täfelung im Bad schließt das aber nicht aus. Und auch einen begehbaren Kleiderschrank nicht – zumindest in der 535 Quadratmeter großen Grande Suite de Paris

nur ein paar Limousinenlängen weiter in der Rue de la Paix, ist aber nonchalant nach dem Place Vendôme benannt – so lautet auch die Adresse des Ritz.

2006 kam das Fouquet's Barrière hinzu, mit Blick auf die Champs-Élysées. Kupfer und Granit statt verschwenderischem Luxus, es herrscht geometrische Strenge. Das supermoderne Fouquet's ist in französischem Besitz; Eigentümer ist allerdings keine Pariser Bürgerfamilie, sondern der Konzern Lucien Barrière, in Frankreich vor allem für seine Kasinos bekannt.

Wie großzügig die Suiten, wie exquisit die Speisen eines Pariser Hotels sein müssen, damit es von der 5-Sterne-Herberge zum Palast aufsteigt, ist indes nirgends festgelegt. Der Konkurrenz den begehrten Status abzusprechen, gehört daher auch zum guten Ton in der Superluxusklasse. Beim Ritz beispielsweise gibt man sich betont gelassen, wenn die Sprache auf das benachbarte Park Hyatt kommt. „Das Hyatt", sagt ein Sprecher des Ritz, „gehört nicht zur selben Kategorie wie wir. Für uns ist das keine Konkurrenz." Derlei Verunglimpfungen lässt man beim Hyatt nicht auf sich sitzen und bezeichnet sich – jetzt erst recht – als erstes neues Palasthotel in Paris seit 50 Jahren.

**UM KLARZUSTELLEN**, dass sie auch wirklich dazugehören, rüsten die Konkurrenten auf – und überbieten sich gegenseitig mit Superlativen. Das Plaza Athénée will den besten Koch der Welt beschäftigen und fährt sicherheitshalber noch zwei Patisserie-Weltmeister auf. Das George V setzt auf Technik und hat einen Rolls-Royce bei den Lederspezialisten von Hermès aufmotzen lassen – für 750 Euro rollt der Gast unterm Sternenhimmel aus Leuchtdioden vom Flughafen zum Hotel. Beim Fouquet's brüstet man sich mit Hightech und verpackt Flachbildschirme in Haifischleder.

Und mitten in der Krise werden es nun wieder zwei mehr: Das Royal Monceau am Arc de Triomphe, in Besitz der Hotelkette Raffles und seit 2008 zwecks Renovierung geschlossen, soll ab Herbst 2010 wieder mitmischen. Auch der Konzern Shangri-La aus Hongkong will noch in diesem Jahr ein Prachthotel im 16. Arrondissement einweihen. Die asiatischen Ketten Peninsula und Mandarin Oriental wollen bis 2012 in →

den Ring steigen. Innerhalb von zehn Jahren wird sich die Zahl der Palasthotels verdoppelt haben.

Wie sie diesen Konkurrenzkampf verkraften wollen, dazu äußern sich die diskreten Hoteliers ungern. Beim Ritz beteuert man, es sei Platz für alle in Paris. Die Ankunft der Konkurrenz sei eine gute Neuigkeit, gibt sich auch das Management des Plaza Athénée sportlich, schickt aber zugleich das Personal in die Ferien. Ein Sprecher des George V zeigt sich erfreut, erzwinge doch die Konkurrenz eine ständige Verbesserung des eigenen Standards, gibt aber auch zu, dass derzeit weniger Geschäftskunden kommen als früher.

Im Westen – die Stammkundschaft vieler Palasthotels besteht zum Großteil aus Engländern und Amerikanern – nimmt das Interesse an Luxushotels allmählich ab, immer weniger Gäste sind bereit, die Mondpreise zu zahlen. Dagegen wächst im Osten neue Kundschaft heran. Die Luxustouristen von heute kommen aus Russland, Indien, Nahost. Für die Paläste bedeutet das: Anpassung. Das Plaza Athénée bietet Muslimen eine Auswahl von Gerichten nach Halal-Vorschriften, im George V schlüpfen fernöstliche Gäste auf Wunsch in japanische Yukatas statt in schnöde Bademäntel, das Ritz feierte mit seinen Russen am 14. Januar das orthodoxe Neujahrsfest.

**Z**U VIELE NOUVEAUX RICHES, darauf sind die Luxushotels bedacht, sind allerdings nicht erwünscht – groß ist die Angst, sie könnten die vornehme Stammkundschaft mit dem hemdsärmeligen Auftreten vergraulen. „Heute kommen Gäste in T-Shirt und Shorts zum Diner, und niemand sagt etwas dagegen", sagt Pierre Weill, der ehemalige Ritz-Direktor. Zu seinen Zeiten undenkbar.

Damit derlei Gebaren nicht überhandnimmt, sortieren die Paläste schon bei der Buchung aus. Eine Sprecherin des Plaza Athénée sagt es durch die Blume. *Un bon mixe* strebe man an, eine gute Mischung. Will heißen: Russen und Inder sind willkommen – aber nicht zu viele. Ist die Quote erreicht, wird dem Anrufer aus Moskau eben mitgeteilt, die gewünschte Suite sei leider bereits vergeben. ∎

**Sebastian Kretz**, 28, hat ein Jahr in Paris gelebt, allerdings nicht wie Coco Chanel im Ritz.

---

INFO

▶ **ÜBERNACHTEN**

## Fünf Sterne-Hotels

**EINE NACHT IN SAMT UND SEIDE** zu verbringen mag königlich sein. Eine Handvoll Sterne finden Sie aber auch anderswo. Wir haben fünf Hotels ausgewählt, in denen Sie für weniger als 150 Euro übernachten – und sich trotzdem erhaben fühlen.

❶ **Hôtel du Quai Voltaire**
Für einen Sterne-Blick auf Louvre, Pont des Arts und die *bouquinistes*, die Bücherverkäufer am Seine-Ufer, braucht es keine Suite Impériale. Ab 100 Euro pro Nacht ist ein Doppelzimmer im Quai Voltaire zu haben. Das Haus am Rive Gauche hat Tradition bei deutschen Touristen: In den 1860er Jahren schrieb Richard Wagner hier die „Meistersinger von Nürnberg". *19 quai Voltaire, 75007 Paris, Tel. 0033-1/42 61 50 91, www.quaivoltaire.fr, Metro Palais Royal – Musée du Louvre, DZ ab 100 €*

❷ **Hospitel de l'Hôtel Dieu**
Pracht und Prunk in allen Ehren, aber keiner der grandiosen Paläste ist je so weit gegangen, seinem Publikum auch noch ein hauseigenes Krankenhaus zu bieten. Anders das Hospitel in allerbester Lage gegenüber von Notre-Dame: Seine Zimmer befinden sich im sechsten Stock des ältesten Krankenhauses der Stadt. Gäste, die nach zu viel Sauce béarnaise um ihre Linie fürchten, ziehen einfach ein Stockwerk tiefer: Die Diätabteilung der Klinik genießt einen hervorragenden Ruf. *1 place du Parvis de Notre-Dame, 75004 Paris, Tel. 0033-1/44 32 01 00, www.hotel-hospitel.com, Metro Cité, DZ/F ab 131 €*

❸ **MIJE – Rue de Fourcy**
Ziemlich genau zwei Jahre lang könnte man hier für dasselbe Geld wohnen, das man für eine Nacht in einer der teuersten Palast-Suiten ausgibt. Das einfache Hotel wurde einst als Jugendherberge entworfen, ist dafür aber viel zu schön. Zwischen Marais und Île Saint-Louis gibt es einer alten Pariser Adelsresidenz neues Leben. Sterneverdächtiges Preis-Leistungs-Verhältnis. *6 rue de Fourcy, 75004 Paris, Tel. 0033-1/ 42 74 23 45, www.mije.com, Metro Saint-Paul, DZ/F ab 36 € p. P.*

❹ **Hôtel Gabriel**
Die Paläste mögen einander mit ihren Wellnessstempeln überbieten – Sie aber müssen kein Vermögen investieren, um Ihre Pariser Nächte im Wohlfühlmodus zu verbringen. Das Gabriel bietet Bio-Frühstück und allerlei Annehmlichkeiten aus Designerhand: in einigen Zimmern gar eine Einschlafhilfe aus Licht und Klang. Falls Ihnen das zu beschaulich wird: Ein paar Schritte weiter liegt mit der Rue Oberkampf die Ausgehmeile des 11. Arrondissement. *25 rue du Grand Prieuré, 75011 Paris, Tel. 0033-1/47 00 13 38, www.gabrielparismarais.com, Metro Oberkampf, DZ/F ab 140 €*

❺ **Hôtel du Nord**
Im Rolls-Royce des George V rollt es sich zwar äußerst vornehm, entlang des zauberhaften Canal St.-Martin und in den engen Gassen von Belleville aber gibt es ein geeigneteres Verkehrsmittel: das Fahrrad. Das Hôtel du Nord unterhält einen kostenlosen Vélo-Fuhrpark und liegt ideal für eine Radtour abseits der Trampelpfade: Der Kanal führt von der Place de la République durch den Parc de la Villette bis an die Stadtgrenze. *47 rue Albert Thomas, 75010 Paris, Tel. 0033-1/42 01 66 00, www.hoteldunord-leparivelo.com, Metro Jacques Bonsergent, DZ ab 69 €*

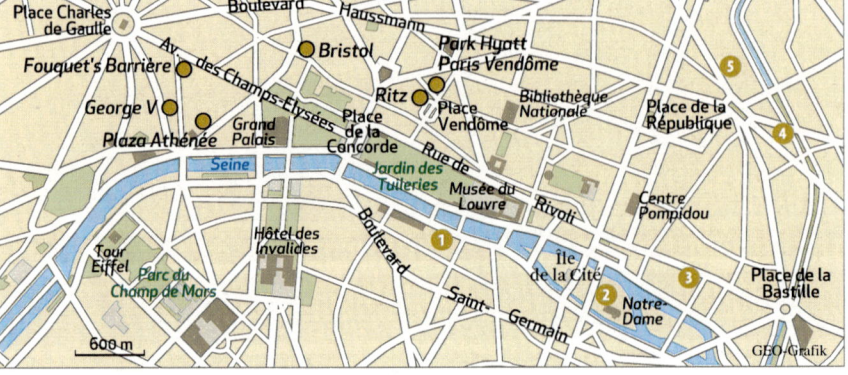

### Multitool + LED-Leuchte
Für Outdoor-Freunde und Selbermacher! Hochwertiges Werkzeugset für die Hosentasche mit Messer, Zange, Flaschenöffner, Schraubenzieher, Feile, Säge und weiteren Funktionen. Inkl. LED-Leuchte. Verpackt in einer Metallbox.

**Gratis zur Wahl!**

### Wetterstation
Präzise Daten in edlem Design. Wetterstation mit in Holz gefasstem Thermometer, Hygrometer und Uhr. Lieferung inkl. Knopfzellen-Batterie. Maße: ca. 26 x 8 x 7 cm.

### Heftpaket: GEO Special »Berlin« und »Prag«
**Berlin:** das Kanzleramt intern, Kunst von der Nofretete bis zur Street Art, eine Vision von Berlin 2020 und prominente Einblicke.
**Prag und Tschechien:** der Boom der Hauptstadt, unkonventionelle Bierbrauer und alles zu Burgen, Bergen und Bädern in Tschechien.

### Faber-Castell-Schreibset »Black Edition«, 3-tlg.
Edles Schreibset mit dem Kugelschreiber »Grip«, dem Designbleistift aus schwarz durchgefärbtem Holz und dem Radierer »Sleeve Mini«. In einer schwarzen Box mit transparentem Deckel.

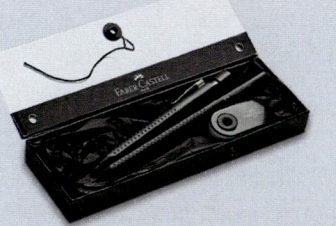

Rosenzweig & Schwarz, Hamburg

# Jetzt Geschenk auswählen + 13% sparen!
## Sichern Sie sich GEO Special zum Vorteilspreis und frei Haus.

### Ihre GEO Special-Vorteile:
- Geschenk zur Wahl gratis!
- 13% sparen!
- Lieferung frei Haus!
- Nach 6 Ausgaben jederzeit kündbar!
- Geld-zurück-Garantie für zu viel bezahlte Hefte!

**Abonnenten-Service Österreich/Schweiz:**
Tel.: +49 1805/861 00 00

**Bitte Bestellnummer aus dem Vorteilscoupon angeben.**

Verlag: Gruner+Jahr AG & Co KG, Dr. Gerd Brüne, Am Baumwall 11, 20459 Hamburg. AG Hamburg, HRA 102257.
Vertrieb: DPV Deutscher Pressevertrieb GmbH, Dr. Olaf Conrad, Düsternstr. 1, 20355 Hamburg. AG Hamburg, HRB 95 752.

*14 Cent/Min. aus dem dt. Festnetz, max. 42 Cent/Min. aus dem dt. Mobilfunknetz.

## GEO Special-Vorteilscoupon

**Ja**, ich möchte GEO Special selbst lesen oder verschenken für zzt. nur € 6,95 (D)/€ 8,10 (A)/Fr. 13.60 (CH) je Ausgabe. Als Dankeschön für meine Bestellung erhalte ich ein Geschenk meiner Wahl nach Zahlungseingang gratis. Nach einem Jahr kann ich jederzeit kündigen. GEO Special erscheint zzt. 6x jährlich. Alle Preise inkl. Zustellung und MwSt.

**Mein Geschenk** (bitte nur ein Kreuz): ☐ GEO Special-Heftpaket ☐ Multitool ☐ Wetterstation ☐ Faber-Castell-Set »Black Edition«

**Meine Adresse:** — Bitte auf jeden Fall ausfüllen!

Name, Vorname — Geburtsdatum 19___
Straße/Nr.
PLZ — Wohnort
Telefonnummer — E-Mail-Adresse
☐ Ja, ich bin damit einverstanden, dass GEO und Gruner+Jahr mich künftig per Telefon oder E-Mail über interessante Angebote informieren.
☐ Ich zahle bequem per Bankeinzug (D: halbjährlich € 20,85):
Bankleitzahl — Kontonummer
Geldinstitut
☐ Ich zahle per Rechnung (D: jährlich € 41,70).

**Widerrufsrecht:** Die Bestellung kann ich innerhalb der folgenden zwei Wochen ohne Begründung beim GEO Special-Kunden-Service, 20080 Hamburg, in Textform (z. B. Brief oder E-Mail) oder durch Rücksendung der Zeitschrift widerrufen. Zur Fristwahrung genügt die rechtzeitige Absendung.

Datum — Unterschrift — 726044

**Adresse des Beschenkten:** Nur ausfüllen, wenn Sie GEO Special verschenken möchten!
Name
Vorname — Geburtsdatum 19___
Straße/Nr.
PLZ — Wohnort — 726045

✉ **Vorteilscoupon einsenden an:** GEO Special, Kunden-Service, 20080 Hamburg
☎ **Oder anrufen unter:** 01805/861 80 00*
@ **Einfach per E-Mail:** GeoSpecial-Service@guj.de

# AÏCHA UND IHRE KINDER

Das prächtige Paris und seine Banlieue, die Vorstädte, haben nicht viel gemein. Wer nicht im Zentrum lebt, sollte von Träumen Abschied nehmen. Nur wenige finden ihren Weg. Die Familie Traore ist ein Beispiel dafür

FOTOS ¬ **PASCAL MAITRE**   TEXT ¬ **MICHAEL STÜHRENBERG**

AÏCHA ZIEHT UM: „In ein ganz neues Haus!" Wo die Aufzüge funktionieren. Wo das Treppenhaus nicht nach Haschisch und Urin stinkt. Und wo noch niemand die Briefkästen im Eingangsflur aufgebrochen hat. „Ein Haus mit nur vier Stockwerken", schwärmt Aïcha, die es von einem Nachbarn gehört haben will. Sicher ist: Aïchas derzeitige Adresse wird es nicht mehr lange geben. Vor ihrem Wohnzimmer erhebt sich eine Abbruchmaschine, wie eine Kreuzung aus Robocop und Tyrannosaurus Rex, die am Nachbargebäude bereits die 14. Etage angeknabbert hat.

Aïcha und ich kennen uns seit 20 Jahren. Sie stammt aus Mali im Sahel, wo auch ich gelebt habe. Doch dies ist mein erster Besuch bei ihr zu Hause. Dafür haben wir uns am Rand von Paris verabredet, sind mit der Metro zum Gare du Nord gefahren, von da mit dem Vorortzug nach Saint-Denis, wo Frankreich einst seine Könige begrub, und dann noch eine halbe Stunde mit einem Bus, in dem nur ich helle Haut besaß und Aïcha mich mit drohenden Blicken gegen vermeintliche Räuber schützte. Als ich leise gegen so viel Vorsorge protestierte, hielt sie mir (für alle Passagiere vernehmbar) entgegen, erst vorige Woche wieder habe ihr ein „Araber" in diesem Bus das Portemonnaie geklaut.

Jetzt blicken wir aus dem Fenster ihres Wohnzimmers, elf Kilometer nördlich vom Eiffelturm, und sehen etwas, was unserem alten Afrika entfernt ähnelt. Auf der Straße spielen schwarze Kinder Fußball. Halbwüchsige lehnen an Autos, aus denen Rap und Reggae dröhnt. Eine zeternde Frau läuft im Bademantel aus einem Hauseingang in den nächsten. Szenen, in denen sich etwas bewegt und die dennoch einen Hauch von Lethargie verströmen.

*Chez nous*, bei uns, nennt Aïcha ihr neues Afrika. Tatsächlich heißt es Cité 77 und liegt in Epinay-sur-Seine, einer der berüchtigten Vorstädte Frankreichs. Berüchtigt wegen ebenjener Cités: Wohnghettos aus Betontürmen, in deren Schatten Jugend- und Kinderbanden um Territorien kämpfen. Ein Aus- →

Aïcha Traore hat 32 Jahre in der Cité 77 gelebt, hat hier fünf Kinder aufgezogen. Nun werden die Wohn-Monster, die ihre Heimat waren, abgerissen

*Die zweite Generation: Wie die meisten Jungen findet auch Alhassane, 32, keinen Ausweg aus der Banlieue. Kady dagegen, 30, die schon als Vierjährige den Haushalt führen musste, hat studiert und arbeitet nun in einem Ministerialbüro*

wärtiger wurde hier vor fünf Jahren beim Fotografieren einer Straßenlaterne erschlagen. Seither ist Epinay auch jenseits seiner Grenzen ein Begriff.

„Wo ziehst du denn hin, Aïcha?" Sie will antworten, da fällt ihr ein lang gezogener, kehliger Ruf ins Wort. Er kommt aus einer digitalen Wanduhr, auf deren Zifferblatt die Kaaba abgebildet ist. Aïchas Gebetswecker! Statt eines Klingelns ertönt fünfmal pro Tag der Ruf des Muezzin von Mekka. Aïcha verschwindet zum Beten ins Schlafzimmer.

Eigentlich kenne ich die Antwort auf meine Frage auch schon: Einige Mieter sind bereits in andere Vororte verzogen, die meisten wohl wieder in eine Cité. Die übrigen, rund die Hälfte der Bewohner, warten in Behelfsunterkünften auf die neuen Häuser, die derzeit in der Nachbarschaft gebaut werden. Die allerletzten, unter ihnen Aïcha, sollen Ende 2011 umgesiedelt werden. Aïcha zieht also nur von Epinay nach Epinay.

Nach Paris, wäre gewiss die beste Antwort gewesen. Dort arbeitet sie seit einem Vierteljahrhundert. Aïcha Traore, 52, verwitwet, Mutter von fünf Kindern, ist Kassiererin in einem Supermarkt des 19. Arrondissement. Da haben wir uns kennengelernt. An einer von sieben Registrierkassen im Monoprix meines Viertels. Wo Aïcha beim Scannen meiner Einkäufe begann, von Kayes zu erzählen, ihrem Geburtsort. Einem glühenden Staubloch an der Eisenbahnstrecke Bamako–Dakar. Jedes Mal erfuhr ich ein bisschen mehr. Am liebsten sprach sie von ihrem Vater. Einem Marabou, der seine Kundschaft mit Koransprüchen und Schutzamuletten versorgte. So tief in Afrika verwurzelt wie die dicken Baobab-Bäume um Kayes. Aïcha hat ihn sehr geliebt.

Weniger herzlich sprach sie von ihrem verstorbenen Gatten. Jenem, dem sie mit 17 zur Frau gegeben worden war und der sie mit sich fortgenommen hatte an einen Ort ohne Baobabs und Marabous: la Banlieue. Nahe Paris. Und doch weit davon entfernt.

Seit dem Tod ihres Mannes, seit sie mit Glück den Job im Monoprix fand, um ihre Kinder ernähren zu können, kämpft Aïcha mit der Zeit: Eineinhalb Stunden ist sie von ihrer Wohnung bis zum Monoprix unterwegs. Macht drei Stunden pro Tag, 18 Stunden pro Woche, denn Aïcha arbeitet auch samstags – zusammengerechnet wahnsinnig viel Zeit, die sie in den vergangenen 25 Jahren in Bussen, Zügen und Metros verbracht hat. Statt bei ihren heranwachsenden Kindern.

Aïchas Kinder, jetzt sind sie erwachsen: 33 Jahre der Älteste, gerade 20 die Jüngste. Fünf französische Staatsbürger. Dank ihrer Mutter, die sich für sie aufgeopfert hat. Und der Versuchung widerstehen musste, die Banlieue abzuschütteln und zurückzukehren nach Afrika. Wenn sie es nicht getan hat, dann nur aus der Überzeugung heraus, dass drei Jungen und zwei Mädchen, die in Epinay bei Paris aufwachsen, noch immer weit mehr vom Leben erwarten dürfen als Kinder in Kayes.

**W**IE DIE BÜHNE eines zeitgenössischen Theaters kommt mir Aïchas Wohnzimmer an diesem Nachmittag vor. Gespielt wird „Mutter Courage". Vom Flur nähern sich Schritte. Kady tritt auf, Aïchas älteste Tochter und ihr ganzer Stolz. Vor drei Monaten hat Kady, mit einem Zuschuss ihrer Schwester Aminata, der Mutter eine Wallfahrt nach Mekka geschenkt. Davon erzählt Aïcha ihren Kunden im Monoprix seither täglich: welch ein Glück, solche Töchter zu haben!

Kady arbeitet für OFPRA, eine staatliche Stelle für die Betreuung von Asylanten. Ein Aufstieg für jemanden aus einer Cité, die ihren Namen nur einer Hausnummer verdankt: 77 avenue d'Enghien. Eine Adresse für mehr als 1000 Adressaten, verteilt auf 323 Sozialwohnungen. Gebaut 1965. „Für Franzosen", sagt Kady, die sich trotz französischer Staatsangehörigkeit nur als *Africaine* bezeichnet. „Als meine Eltern in den 1970er Jahren hier einzogen, waren die meisten Weißen schon wieder ausgezogen. Die übrigen folgten schnell. Am Ende wohnten hier fast nur noch *Beurs* und *Blacks*."

*Les Beurs et les Blacks*, so betiteln sich Frankreichs Einwandererkinder auch selbst: als „Araber" und „Schwarze". Die Väter der einen kamen aus Nordafrika, vor allem aus Algerien, haben dort bis 1962 für die Franzosen, gegen das eigene Volk gekämpft. Die Väter der anderen siedelten aus Frankreichs ehemaligen Kolonien in Westafrika über, aus unabhängigen, aber armen Republiken wie Senegal oder Mali. Fast alle waren Muslime. In der Region um die Hauptstadt, wo man billige Arbeitskräfte brauchte, sie aber *intra muros*, wie die Pariser ihre 20 Arrondissements nennen, nicht haben wollte, wurden die Fremden in Vororte geleitet. Mit besonderer Vorliebe in die *banlieues rouges*, die traditionellen Arbeitervororte, in denen Bürgermeister der damals noch mächtigen KPF regierten.

Aus der Sicht des gutbürgerlichen Paris erschien dies wie ein guter Witz: Die Kommunisten erhielten ein neues Proletariat aus Genossen ohne Stimmrecht. Und ohne ausreichende Mittel für den Bau zusätzlicher Kindergärten, Jugendheime und Schulen für Kinder von Eltern, die zu Hause kein Französisch sprachen.

So verwandelten sich die roten Banlieues in *banlieues sensibles*: Immigrantenghettos, gezeichnet von Bildungsverweigerung und Jugendkriminalität, in denen sich Frankreichs Polizei wie Israels Armee in Gaza fühlt. Orte wie Clichy-sous-Bois, wo im Oktober 2005 – nach dem Tod zweier Jugendlicher – eine Banlieue-Intifada ausbrach und Steine →

und Molotowcocktails auf die in Panzerfahrzeugen anrückenden Ordnungshüter hagelten.

Nach wenigen Nächten, die ja fast live im Fernsehen übertragen wurden, griffen die Straßenkämpfe über auf andere Vororte in den zwei Banlieue-Departements um Paris: Seine-Saint-Denis und Val d'Oise. Auf Orte, deren Namen ebenso verführerisch klangen, die aber genauso *invivables*, unlebbar, waren wie Clichy-sous-Bois. Orte wie Aulney-sous-Bois. Oder Epinay-sur-Seine. Und schließlich standen fast die gesamten Banlieues Frankreichs in Brand. All jene schäbigen Betongürtel, die sich plötzlich wie eine Schlinge anfühlten. Um Städte wie Marseille, Toulouse, Lille, Rennes, Rouen, Dijon.

Bis heute sind die ewig gleichen Zustände zu beklagen, auch wenn sie kaum noch in die Schlagzeilen finden. In Tremblay-en-France etwa, einem Vorort östlich von Epinay, sind Dealerbanden mittlerweile dazu übergegangen, Linienbusse zu „steinigen". Aus Rache dafür, dass die Polizei in einer Cité-Wohnung über eine Million Euro in kleinen Scheinen beschlagnahmt hat.

Epinay-sur-Seine, dessen Rathaus längst nicht mehr kommunistisch, sondern konservativ besetzt ist, will seine menschlichen Probleme nun über das bauliche Umfeld sanieren. Durch Maßnahmen wie den Abriss von Aïchas Cité 77. Weil die Betonhöllen nicht nur für Drogen und Dealer stehen, sondern auch für das Allerübelste – *les tournantes*, die Massenvergewaltigung pubertierender Mädchen durch Banden kaum älterer Jungen in Kellern und Fahrradräumen der Cités.

**A**LL DEM HAT KADY ENTGEHEN KÖNNEN. Weil Aïcha damals streng darauf achtete, dass ihre Tochter die Wohnung nur unter Aufsicht verließ. Und dass die älteren Brüder, während die Mutter an der Monoprix-Kasse saß, auf das Mädchen aufpassten. Allerdings hatte dies auch seinen Preis. „Mit vier Jahren", sagt Kady, „führte ich den Haushalt. Für meine Brüder war das normal. Sie waren Männer, ich war die Frau. Und der Älteste hat mich täglich verdroschen, bis ich grün und blau war. Mutter hat damals nichts davon erfahren." →

Aïcha Traore ist noch immer mit Afrika verbunden, wenn auch in erster Linie über Mali TV. Ihre Tochter Aminata hingegen, 20, kennt Mali nur als Touristin. So wie das elf Kilometer entfernte Zentrum von Paris, wo sie erst dreimal war; mit der Schule

Denn auch hinter den verschlossenen Wohnungstüren der Cité gilt das Recht des Stärkeren und für Opfer die Schweigepflicht. Als Kady begriff, dass die Flucht nur nach oben gelingen konnte, passte sie in der Schule auf, bestand das Abitur, ging zur Universität. Alles aus eigener Kraft. Aus Hass auf die Erinnerungen an die Nachmittage ihrer Kindheit.

# BANLIEUE – DAS IST DIE DUNKELZONE DER LICHTERSTADT

Eine Hürde musste sie noch nehmen: „Franzosen sind rassistisch!" Genauer: Erfährt ein Arbeitgeber, dass ein ansonsten qualifizierter Jobkandidat aus dem Departement 93, der Banlieue Seine-Saint-Denis, stammt, kann der Betreffende oft seine Hoffnung auf ein Vorstellungsgespräch aufgeben. Seine Herkunft allein sagt ausreichend viel.

Deshalb floh Kady nach London. Kam dort bei einer Freundin unter, studierte mit britischem Stipendium, auch in New York, machte 2008 ihren Abschluss in International Relations. Auf dem Fernsehapparat im Wohnzimmer steht jetzt ein Foto: sie in schwarzer Robe, in der Hand das Zeugnis für ihr Bachelor Honours Degree. „Nur mit dem Diplom aus London", glaubt sie, „konnte ich in Paris einen halbwegs guten Job finden."

Wie viel Kraft muss jemand haben, der einen solchen Weg geht? Und wie muss es jene schmerzen, die dazu nicht in der Lage sind? Seit ihre Mutter den weniger erfolgreichen Söhnen Kady als Beispiel vorhält, lassen die Jungs – Yaya, der Banlieue-Sozialarbeiter, und die meist arbeitslosen Zwillinge Alhassane und Fousseiny – sich nur selten in der Wohnung blicken. Kommen sie doch, ignorieren sie Kady oder suchen Streit mit ihr. Einer der Zwillinge hat seine flüchtende Schwester neulich über etliche Stockwerke im Treppenhaus verfolgt und ihr büschelweise Haare ausgerissen.

So viel hat der dreißigjährige Krieg vor ihrer Haustür und in der eigenen Wohnung Aïcha klargemacht: Mädchen gelingt der Aufstieg leichter, weil sie zielstrebiger, pragmatischer, anpassungsfähiger sind. Viele Jungen hingegen bleiben auf der Strecke, weil sie keinen Ausweg aus dem Gefühl der Ohnmacht finden.

Es klingelt an der Tür: Alhassane, einer der Zwillinge. Aïcha hat ihn angerufen. Sie weiß, der Junge ist selten weit entfernt. Die meiste Zeit verbringt er auf dem Parkplatz mit seinem Zwillingsbruder. Obwohl die beiden längst nicht mehr hier wohnen, ist die Cité 77 noch immer ihre „Heimat". Da sitzen sie, nebeneinandergeparkt, jeder in seinem eigenen kleinen Auto, und reden stundenlang durch die heruntergekurbelten Fenster. Worüber? Aïcha weiß es nicht. Kehrt sie abends von der Arbeit heim, oft beladen mit Einkäufen aus dem Monoprix, steigen die Zwillinge nie aus, um ihr zu helfen. Sie grüßen nicht einmal. Tun so, als sähen sie ihre Mutter gar nicht.

Aber Mutter Courage liebt alle ihre Kinder, besonders die hilflosen. „Alhassane!", ruft Aïcha und zieht ihren Sohn ins Wohnzimmer. „Wo bist du die ganze Zeit gewesen?" Der Junge trägt die Banlieue-Tracht: am Hintern hängende Jeans, Hemd von H&M, Lederjacke von Zara, Schuhe von Nike. Sofort legt er los, mit dem Dauerthema: die Welt als Verschwörung gegen Neuf-Trois. So nennen jene das Departement 93, die trotzig vorgeben, stolz auf ihre Banlieue zu sein.

Alhassane: „Als Mann aus Neuf-Trois hast du keine Chance. Darf meinen eigenen Sohn nicht sehen. In diesem Land herrscht die Diktatur der Frauen!" Ich kenne seine Geschichte schon, Aïcha hat sie mir im Monoprix erzählt: Vor zwei Jahren hat ihr Sohn im Internet ein Mädchen kennengelernt. Eine „Französin". Zweimal fuhr er sie in ihrer Stadt an der Loire besuchen, dann war sie schwanger, wollte von Abtreibung nichts wissen. Und auch von Alhassane nichts mehr. Es kam zum Krach, dann zur Verhandlung, bei der die Richterin der jungen Mutter das alleinige Sorgerecht zusprach. Jetzt zieht die „Französin" ihr Kind allein auf. Während Alhassane, das Kind von 32 Jahren, seine Wut wachsen lässt.

Und Aïcha, die ihrem Sohn die Treue halten will, gibt ihm recht, wo sie kann: „Ja, stimmt, das ist unerträglich, dieses ganze schlechte Gerede von Neuf-Trois! Wenn ich das schon höre! Als wären wir hier alle Verbrecher! Dabei ist Epinay nicht schlimmer als Paris."

Ach, Aïcha. Wie könnte ich es wagen, dir ehrlich zu antworten? Und dir gestehen, wie sehr die Banlieue uns Pariser anwidert. Wir sind ratlos gegenüber eurer Gewalt. Fühlen uns bedroht, wenn vermummte Horden über den Gare du Nord und die RER-Station Les Halles bei uns einfallen. Um sich ihren Anteil am Konsumglanz mit Backsteinen und Brechstangen aus den Schaufenstern zu holen. Fast jede gut gemeinte Demonstration in der Innenstadt, sogar jene gegen Rassismus, gerät heute zum Plünderzug der Neuf-Trois-Kids.

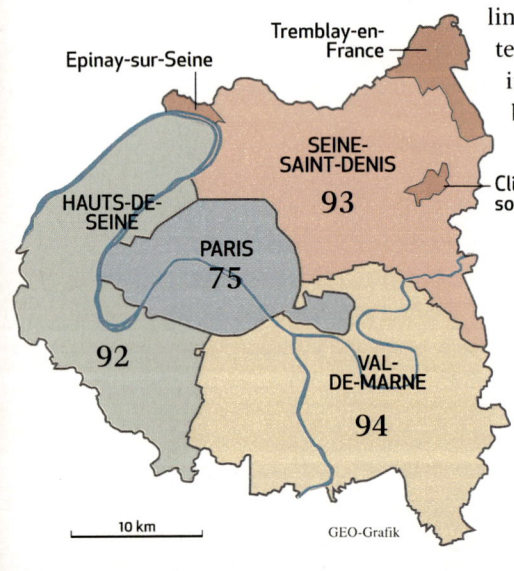

Neuf-Trois! In Pariser Ohren klingt das längst nicht mehr wie eine Zahl. Eher wie der Name eines Schandflecks: 236 Quadratkilometer fett, verteilt über 40 Gemeinden, die eine semiurbane, übergangslose Dunkelzone am nördlichen Saum der Lichterstadt bilden. Die Heimat von 1,5 Millionen Banlieuesards – denen noch etliche Millionen mehr in den übrigen Vorstädten im Osten und Süden gegenüberstehen.

Neuf-Trois? Das ist gleichzeitig unser schlechtes Gewissen. Wir sind schockiert, wenn Präsident Sarkozy droht, er wolle die Vorstädte „mit dem Hochdruckreiniger" säubern. Oder Eltern, deren Kinder sich nicht in der Schule blicken lassen, das Kindergeld streichen. Dagegen protestieren wir natürlich. Und ekeln uns heimlich vor uns selbst, weil wir wissen: Käme es wirklich zu solchen repressiven Maßnahmen, wir würden keinen Finger für die Banlieue rühren.

Und da niemand eine Lösung weiß und die wenigsten von uns noch an die „Integration" glauben, verstecken wir unsere Ratlosigkeit jetzt hinter der Vision eines Grand Paris (siehe Seite 90). Einem Konzept, das die Auflösung bestehender Grenzen verspricht, der inneren wie der äußeren. Auf dass es kein *intra muros* mehr gebe, also auch keine Banlieue. Sondern ein Gesamtgebilde mit zwölf, 15 oder noch mehr Millionen Einwohnern. Wie Shanghai. Die absolute Weltstadt. Es sei denn, das ganze Grand Paris zerläuft zu einem Banlieue-Brei.

**E**IN APPETITLICHER DUFT dringt aus der Küche zu uns ins Wohnzimmer. Aïchas jüngstes Kind trägt afrikanisches Abendessen auf: Thiéboudieune, Reis mit Fisch, ein Rezept aus der Heimat der Mutter.

Aminata, die 20-Jährige, wirkt herrlich unbeschwert. Wohl deshalb, weil sie den Widerspruch zwischen Paris und Banlieue auf ihre Art gelöst hat. Verkörpert Paris für Kady das Ziel sozialen Strebens und für Alhassane den Traum vom Melting Pot in Discos und Boutiquen, so ist die Stadt für Aminata eine ferne geographische Realität. Es gibt sie, so wie es Chicago oder den Himalaya gibt. In ihrem bisherigen Leben war sie dreimal im elf Kilometer entfernten Paris. Und auch nur mit der Schule. Um dieselben Monumente zu besichtigen wie ausländische Touristen: Invalidendom, Eiffelturm, Notre-Dame, Louvre. An mehr erinnert sie sich nicht. Paris ist nicht ihre Stadt. „Epinay auch nicht", sagt Aminata. Sie würde gern in einem netten Vorort leben, wo es nur Einfamilienhäuser mit Garten gibt. Wie in den amerikanischen Filmserien. „Und da hätte ich einen treuen Mann und liebe Kinder!"

Aïcha lächelt gerührt. Auch sie hat Pläne. Noch 13 Jahre Monoprix, dann ab in die Rente. Was sollte sie dann noch hier in Epinay-sur-Seine, wenn es doch jenes andere *chez nous* gibt, das echte Afrika?

Wer zum Feierabend in die Vorstadt zurückmuss, hat wenig zu feiern. Diskotheken, Kinos, Cafés: Das alles gibt es hier nicht. Aïcha hat gelernt, das auszuhalten

Obwohl – wie könnten ihre Kinder ohne sie zurechtkommen? Der Tisch ist abgeräumt, die Mädchen haben sich in ihre Zimmer zurückgezogen, Alhassane ist wieder bei seinem Bruder auf dem Parkplatz. Mutter Courage geht ans Fenster ihres Wohnzimmers, lässt ihren Blick über die Reste der Cité 77 wandern. „Vorige Woche ist meine Freundin Youma ermordet worden", sagt sie. „Sie stammte auch aus Mali." Der Mord geschah in Sarcelles, einem Nachbarvorort. Was ist passiert?

Aïcha: „Youmas Tochter gefiel einem Jungen. Einem Haitianer. Aber die Tochter mochte ihn nicht, da hat Youma dem Jungen gesagt, er soll das Mädchen in Ruhe lassen. Und am Freitag, als Youma aus der Moschee kam, ist ihr der Haitianer unbemerkt gefolgt. Als sie vor einem Bankautomaten stehen blieb, trat der Junge von hinten an sie heran und stieß ihr ein Messer in den Rücken."

Ich bin nicht sicher, ob ich die Geschichte wirklich zu Ende hören will.

Aïcha: „Und am nächsten Tag, als noch keiner weiß, wer den Mord begangen hat, sitze ich in Youmas Haus vor ihrer Leiche. Auch der Vater des Haitianers ist bei der Totenwache zugegen, die beiden Familien kennen sich. Und da kommt jemand ins Zimmer und sagt zu dem Mann: ‚Der Mörder ist Ihr Sohn!' Ist das nicht Wahnsinn?"

Sie hat recht. Die ganze Banlieue ist Wahnsinn: Die Idee, Millionen von Entwurzelten in Ghettos zu sperren. Und zu glauben, es würde irgendwie gut gehen.

Aïcha sagt: „Ich freue mich auf das neue Haus." ∎

---

**Michael Stührenberg** und **Pascal Maitre**, beide Pariser, fühlten sich in Epinay-sur-Seine wie in einem fremden Land. Und so mussten sie auch ihre Rückkehr organisieren. Busse verkehren kaum, Züge sind gefährlich, Taxifahrer schreckt das Risiko. Es fuhr sie schließlich Aïchas Sohn Alhassane.

Wie in dieser Projektion der Île de Vitry will Star-Architekt Roland Castro die Vorstadt zur Stadt machen. Also die Grenze zwischen Kern und Rand endlich überwinden

# ZUKUNFT FINDET STADT

TEXT ¬ NICOLAI OUROUSSOFF

Wer Visionen hat, sollte zu Nicolas Sarkozy gehen. Der Präsident verlangt große Ideen – und hohe. Die führenden Architekten der Nation hat er gerufen, auf dass sie das Gesicht der Hauptstadt grundlegend verändern. Ziel des ambitionierten Vorhabens: le Grand Paris, die Metropole der Zukunft

**B**EVOR ER SEIN AMT ANTRAT, schien Präsident Nicolas Sarkozy nicht zum Förderer der Architektur bestimmt. Pariser Architekten, mit denen ich in den Wochen vor seiner Wahl sprach, verunglimpften ihn nicht selten als den „Amerikaner", was eine Anspielung auf seine angeblich anspruchslosen kulturellen Vorlieben war.

Aber die französische Präsidentschaft steckt die höchsten Würdenträger leicht mit Visionen von architektonischer Grandeur an. Georges Pompidou ist heute besser für den nach ihm benannten Publikumsmagneten bekannt, das Centre Georges Pompidou, als für seine gaullistische Politik. Dem Monsieur François Mitterrand verdankt Paris fast ein Dutzend neuer Baudenkmäler, darunter die Glaspyramiden am Louvre, eine gigantische neue Nationalbibliothek und die Bastille-Oper. Und nun scheint Sarkozy entschlossen zu sein, sogar Mitterrand zu übertrumpfen.

Kaum war er in den Élysée-Palast gezogen, berief Sarkozy ein Treffen prominenter Architekten ein und bat sie, die Zukunft von Paris zu entwerfen. Natürlich sollten die Projekte realistisch sein, sagte er: „Aber wahrer Realismus heißt für mich, sich ambitionierte Ziele zu stecken." Seine Aufgabe sei es, die Banlieue zu sanieren und gleichzeitig ein grüneres Paris zu bauen, meinte Sarkozy, die erste Stadt, die alle umweltpolitischen Zielsetzungen des Vertrags von Kyoto erfülle.

Was seither passiert ist, könnte der Anfang eines der kühnsten stadtplanerischen Vorhaben in der französischen Geschichte sein. Eine eindrucksvolle Reihe von Architekten – darunter Größen wie Richard Rogers, Jean Nouvel, Roland Castro und Djamel Klouche – befasste sich mit dem ganzen Spektrum urbaner Probleme: von sozialem Wohnungsbau über die Erneuerung veralteter Transportsysteme bis hin zur Sanierung der Immigrantenvorstädte. Manche empfahlen pragmatische Lösungen, etwa neue Verkehrsknotenpunkte, andere machten eher provozierende Vorschläge, wie Castro, der dringend dazu riet, den Präsidentenpalast an den Stadtrand zu verlegen. Wie der Gesamtplan aussehen wird, ist nicht klar, die Architekten feilen noch an ihren Ideen. Und Sarkozy muss erklären, wie er das ehrgeizige Unterfangen bezahlen will.

Doch egal welche Chance auf Verwirklichung die Vorschläge haben: Sie zwingen uns bereits jetzt, neu darüber nachzudenken, was es für Paris bedeutet, Paris zu sein, und wie auch andere in Schwierigkeiten geratene Metropolen zu retten sind. In einer Zeit, in der „Infrastruktur" weltweit zur politischen Losung wurde, lassen diese Pläne ahnen, wie eine nachhaltigere, egalitärere Stadt aussähe – und welche Rolle Regierungen spielen könnten. „Ich glaube, wir fangen gerade erst an, die Bedeutung von Städten wieder zu begreifen", sagte mir der mit dem Pritzker-Preis, der höchsten Anerkennung für Architekten, ausgestattete Richard Rogers: „Man sieht es in Bogotá, New York – dieses neue Interesse an einer kompakten, nachhaltigen Stadt. Sarkozy verdient Anerkennung: Noch nie habe ich einen Politiker mit solcher Leidenschaft über die Bedeutung der Stadt sprechen hören. Er versteht, dass man Verhalten durch das Lebensumfeld ändern kann. Und ich glaube, wir Architekten gehen darauf ein."

An einem Nachmittag im Februar führte mich Christian de Portzamparc, ebenfalls mit dem Pritzker-Preis geadelt, auf das Dach des Tour Pleyel, eines 39 Stockwerke hohen Büroturms in einer heruntergekommenen Gegend nördlich der Périphérique, der Ringautobahn, die Paris von den Außenbezirken trennt. Es war ein klarer Tag. Portzamparc zeigte auf die trostlosen Wohnsiedlungen von La Courneuve, in denen Ende 2005 jene Krawalle aufflammten, die Frankreich wochenlang in Atem hielten. Der damalige Innenminister Sarkozy nannte diese Siedlungen einen Ort, „an dem Wundbrand eingesetzt hat".

Was mich an der Aussicht vom Tour Pleyel am stärksten beeindruckte, war das Gefühl der Ausgrenzung. Die Straße zum Flughafen sah aus wie eine Narbe, die anonyme Wohnblocks auf der einen von grünen Parklandschaften auf der anderen Seite trennte. Im Süden grenzten Industriebrachen an einen dichten Knoten rostfarbener Gleise, die zum Gare du Nord führten. Andere Gleise, Richtung Gare de l'Est, schnitten durch eine Industrielandschaft aus baufälligen Lagerhäusern und ungenutzten Grundstücken. Sogar die Seine sah von hier wie eine offene Wunde aus. Die brutalen Einschnitte ließen die Stadt wie eine Ansammlung hoffnungsloser, isolierter Inseln erscheinen.

Auf einer solchen Insel liegt auch der Tour Pleyel. Als er in den frühen 1970er Jahren gen Himmel wuchs, galt er als potenzieller Rivale von La Défense, dem damals boomenden Geschäftsviertel im Nordwesten der Stadt, gleich hinter dem Place de l'Étoile. Die Pläne sahen vier um ein Einkaufszentrum gruppierte Türme vor, aber wegen der wirtschaftlichen Flaute jenes Jahrzehnts kam das Projekt zum Stillstand. Nur ein Turm wurde gebaut. Und der löste keinen Entwicklungsschub aus, sondern blieb von leeren Lagerhäusern umgeben – eine weitere totgeborene Fantasie.

„Die meisten dieser Projekte waren künstlich", erklärte Portzamparc, während wir über die Stadt blickten: „Sie wurden gebaut, wo es Kartoffeläcker gab, sonst nichts. Diese Bauunternehmer waren nicht daran interessiert, etwas zu fördern, was schon existierte."

Als wir in die Lobby hinuntergingen, hatte sich vor der Caisse d'Allocations Familiales, der staatlichen Sozialkasse, eine Schlange gebildet. Die Menschen, die hier ihre Sozialhilfe abholten, stellten einen Querschnitt der französischen Arbeiterklasse dar; ein arabischer Mann, eine afrikanische Frau mit Baby im Arm, ein junges Paar, ein alter Franzose – alle warteten in der Reihe, niemand redete. Die Lobby war totenstill.

Wenn man solche vernachlässigten Viertel an ein gutes Transportnetz anschließen kann, glaubt Portzamparc, dann mache man sie reif für Investitionen. Um den Verkehr zwischen den namenlosen Gebieten rund um die Stadt zu erleichtern, schlägt er eine Hochgeschwindigkeitsstrecke für Züge

## Maximale Metamorphose

**Nicht abreißen, sondern anbauen – und zwar Terrassen und Dachgärten. Das ist für den Architekten Jean Nouvel der grüne Weg zum besseren Wohnen in der Banlieue**

vor, entlang des Mittelstreifens der Périphérique. Alle Fernzüge würden außerdem nicht mehr über den Gare du Nord nach Paris kommen, und der Gare de l'Est würde sogar ganz überflüssig: Stattdessen sollte nordöstlich des historischen Zentrums, näher am Flughafen Charles de Gaulle, ein neuer Bahnhof entstehen: Gare Nord Europe. Der Nordosten der Stadt, eines ihrer ärmsten Gebiete, bekäme dadurch eine neue Identität, und ganz Paris würde profitieren.

**MAN KANN DIE GEGENWÄRTIGEN PROBLEME DER STADT** auf eben das zurückführen, was sie im Kern so wunderbar macht: ihre dortige Schönheit. Als Baron Haussmann unter Napoleon III. große Boulevards durch die mittelalterlichen Viertel schnitt, die Licht und Luft hineinließen, gab er der Stadt eine kartesianische Ordnung. Haussmanns Vision von Paris gehört zu den einflussreichsten urbanen Konzepten des 19. Jahrhunderts. Ihre Spuren finden sich in so unterschiedlichen Städten wie Buenos Aires, Bukarest und Chicago. Nicht zuletzt, weil Haussmanns Werk auch ein radikales Mittel sozialer Steuerung war. Die enorme Breite der Boulevards hatte mit Ästhetik zu tun, aber sie erleichterte auch Truppenbewegungen: Nach der Revolution von 1848, die Napoleon III. an die Macht brachte, galt es, die Massen unter Kontrolle zu halten.

Tatsächlich drängten die Bürgersteige, auf denen die entstehende Bourgeoisie zusammenkommen konnte (bevor sie Theater, Opernhäuser und elegante Geschäfte betrat), die Armen weiter aus dem Stadtzentrum. „Zu Haussmanns Zeit sprach die Pariser Bourgeoisie oft von *les classes dangereuses*, den gefährlichen Klassen", erklärt der Architekturhistoriker Jean-Louis Cohen. „Er versuchte, die Unterschicht aus dem Zentrum zu vertreiben, sie in den Norden und Nordosten der →

## Grüne Welle

**Wie ein Pariser Central Park mutet Roland Castros Vorstellung von La Courneuve an. Heute steht diese Vorstadt für trostlose Betonbaracken in absoluter Hässlichkeit**

Stadt abzudrängen. Das markiert den Beginn eines langen Konflikts. Zum Beispiel wurde auf dem Grundstück, auf dem nun das Centre Pompidou steht, bereits bei einer Slumsanierung 1939 gründlich abgerissen. In dieser Vertreibung der Arbeiterklasse ist ein Muster zu erkennen."

Während der darauffolgenden Modernisierungswelle in den 1960er und 1970er Jahren nahm der Plan Gestalt an, die großartigen Lebensmittelhallen aus Eisen und Glas in Les Halles niederzureißen, dem alten, überfüllten Marktviertel der Stadt. Die Hallen mussten 1971 weichen, unumstritten eine der großen Tragödien in der Geschichte der Stadt. In den frühen 1970er Jahren plante die Regierung Hunderte Kilometer neuer Autobahnen, darunter eine entlang der Seine und eine auf den Spuren des alten städtischen Verteidigungswalls, der Périphérique. Dutzende alter Fachwerkhäuser in den östlichen Arbeitervierteln wurden abgerissen, um Platz für gewöhnliche Wohnblocks zu schaffen.

Die Bedrohung, der das historische Paris ausgesetzt war, das Herz der kulturellen Identität Frankreichs, provozierte schließlich eine ebenso gewaltsame Gegenreaktion. Als 1972 nicht weit vom Jardin du Luxembourg der Tour Montparnasse gebaut wurde, ein 210-Meter-Turm, löste dies landesweite Aufregung aus. Fünf Jahre später verbot man Hochhäuser im Zentrum. Die glitzernden Bürotürme, die wir mit den meisten Innenstädten verbinden, wurden in La Défense konzentriert. Bald schien es, als verbanne man alles Hässliche und Moderne einfach an die Stadtränder. Die Périphérique wurde zur Grenze, die Haussmanns Bilderbuchstadt von den modernen Wucherungen der umliegenden Banlieue abschottete.

Diese Veränderung in der Entwicklung der Stadt fiel mit einer ebenso auffälligen Veränderung der Bevölkerung zusammen. 1919 hatte die Kommune Paris drei Millionen Einwohner, und ihre Arbeiterviertel gehörten zu den am dichtesten besiedelten der Welt. Mittlerweile wohnen etwas mehr als zwei Millionen im Kern der Stadt; die Mehrheit – zehn Millionen Menschen – lebt in der Banlieue. Mehr als hundert Jahre nach Haussmanns Tod ist das alte Paris, dessen sandgestrahlte Fassaden vor Wohlstand glitzern, die eleganteste geschlossene Wohnanlage der Welt geworden. Zwar kommt hin und wieder ein zeitgenössisches Gebäude dazu, aber meist handelt es sich dabei um architektonischen Feinschliff.

Im Wesentlichen bleibt die Bausubstanz gleich. Jenseits der Périphérique dagegen existiert ein anderes Paris: eine Wüste aus oft entmenschlichenden Sozialbauten, Betonplatten-Bürotürmen und gestoppten Utopien, die viele der Defekte des Modernismus verkörpern. In gewisser Weise steht Sarkozys Architektenteam der gleichen Herausforderung gegenüber wie Haussmann vor 150 Jahren: in einer großen, in Schüben gewachsenen Metropole Ordnung zu schaffen.

AM TAG NACH MEINEM TREFFEN MIT PORTZAMPARC fuhr Jean Nouvel mich zu einer anderen Vision aus den 1970ern: Les Olympiades, einem Wohnbauprojekt im 13. Arrondissement. Der 64-jährige Nouvel, auch er ein Pritzker-Preisträger, stand in den Schlachten der Pariser Stadtplaner oft auf der falschen Seite. Erst kämpfte er, um Les Halles vor dem Abriss zu bewahren, später verlor er den Wettbewerb für die Neugestaltung des Areals (das Siegerprojekt „Forum Les Halles" gilt als einer der größten Fehlgriffe der Stadtgeschichte).

Der riesige Wohnkomplex von Les Olympiades wurde für die damals florierende Pariser Mittelschicht gebaut: für Lehrer und Akademiker genauso wie für Arbeiter. Heute wohnen hier vor allem chinesische Immigranten.

Wir nahmen eine Rolltreppe zu einem großen Platz, zwei Stockwerke über Straßenniveau, den am hinteren Ende ein typischer moderner Turm mit Wasserflecken in der Gussbetonfassade unterbrach. Niedrigere Apartmentkomplexe flankierten ihn zu beiden Seiten. Irgendwann in den 1980er Jahren war hier der Versuch unternommen worden, den Platz durch ein wenig gärtnerische Gestaltung einladender zu machen, doch die Pflanzen ließen ihn nur noch trister aussehen.

„Es gibt Leben hier", sagte Nouvel und führte mich in eine Einkaufspassage im Erdgeschoss des Turms. Wir passierten eine vorhersehbare Mischung aus Friseursalons, chinesischen Restaurants, Videoläden und Apotheken. Gänge voller Menschen, die von der Arbeit nach Hause kamen. Mit dem geübten Auge des Architekten bemerkte Nouvel, dass die Proportionen der Räume nicht schlecht waren. Wenn man Innenwände herausreißen würde, könnten durchaus gute Wohnungen entstehen, sagte er. Ein Teil des Platzes könnte abgetragen werden, um eine direktere Verbindung mit der Straße zu schaffen. Aber Nouvel betonte auch: Die Frage sei nicht, ob dieser eine Platz gerettet werden könne. Das eigentliche Problem: Was tun mit Hunderten vergleichbaren Orten in Paris?

„Wenn man erst einmal beginnt, dies zu untersuchen, erkennt man die unmöglichen Ausmaße des Problems", sagte mir Nouvel später, als wir in seinem Büro saßen und ungezählte fast identische Fotos durchblätterten, aufgenommen aus einem Helikopter. „Die einzige Möglichkeit besteht darin, ein paar strategische Punkte für Eingriffe zu finden. Dann beginnt man vielleicht, sich eine andere Stadt vorzustellen."

Auf einer Landkarte zeichnete Nouvel die äußeren Ränder des Großraums Paris nach, eine gut 1000 Kilometer lange Grenze. Eine Reihe typischer Mittelschicht-Gemeinden liegt gerade noch innerhalb dieser Linie. Dahinter beginnt ländliches Frankreich, ein Flickenteppich aus Feldern und Wäldern. Nouvels Plan sieht vor, eine schärfere, klarer definierte Grenze zu schaffen: „ein breites Band aus Gärten und Feldern, das bis an die Eingangstür reicht, wie ein gigantischer kommunaler Bauernmarkt. Einen Platz, wo man Tomaten pflanzen, Sport treiben, sich um die Kinder kümmern kann – wo ökologisches Leben möglich wird."

Eine ähnliche Strategie schlägt er für die Industriegebiete der Stadt vor, die man mit üppigen Parks und neuen Wohnanlagen einfassen könnte. Rungis, der trostlose Vorort im Süden, wo nach dem Abriss von Les Halles die städtischen Schlachthöfe und Märkte angesiedelt wurden, sollte in eine zeitgenössische Version der alten Lebensmittelhallen verwandelt werden. Würde man den nahen Flughafen von Orly zum Umland hin öffnen, könnten Anwohner und globale Elite sich in den Restaurants und Klubs der Gegend mischen. „Es geht darum, dass wir den Leuten einen Grund geben, dort zu sein. Dann werden diese Gegenden zu wirklichen Orten mit einer eigenen Identität und auf ihre Weise so interessant wie Teile des Pariser Zentrums", fantasierte Nouvel.

Richard Rogers' Vorschlag dagegen konzentriert sich auf die sechs wichtigsten Zuglinien ins Zentrum hinein. Viele der hoch aufragenden Bahnhöfe aus Schmiede- und Gusseisen waren als Emblem einer mobilen, modernen Gesellschaft gedacht. Die Gleise zerschneiden die Banlieue jedoch in eine Reihe keilförmiger Stücke. „Die Gleisbetten sind manchmal 300 Meter breit", erklärte mir Mike Davies, der für Rogers' Projekt verantwortliche Partner. „Interessant ist aber, dass sie strahlenförmig verlaufen – wie Speichen. Sie sind ein idealer Ort, um das Äußere und Innere der Stadt zu verbinden."

Rogers und Davies schlagen vor, die Gleise unter die Erde zu verlegen und darüber große öffentliche Parks zu spannen. In der Zwischenschicht wäre Raum für Technisches: Wasseraufbereitungsanlagen, Zugwartungs- und Recyclingzentren. Riesige Lichtschächte würden in die Parks geschnitten, um die →

## Alles im Fluss

Tabula rasa war gestern. Auch in Gennevilliers, der Banlieue nordwestlich vom Stadtkern, will Architekt Nouvel Bestehendes ins Zukünftige integrieren

## Shanghai-sur-Seine

Von hohem Niveau sollen in Paris künftig nicht nur Cuisine und Couture sein – sondern auch die Türme, die Gennevilliers einer Megacity des Fernen Ostens ähneln lassen

Züge darunter zu erhellen. Abgelegene Viertel, die jetzt wenig Grün haben, wären in das Gewebe der Stadt eingeflochten. Die Parks wiederum sind in Rogers' Plan mit einem ausgedehnten neuen Grüngürtel verbunden, der den Stadtrand definiert.

Auch Djamel Klouche, mit 43 Jahren der jüngste Architekt der Gruppe, erforscht die spezifischen Qualitäten von Gegenden, die scheinbar nicht mehr zu retten sind. Statt die entmenschlichenden Wohnblocks in den Arbeitervororten abzureißen, schlägt er vor, sie neu zu durchdenken. Wände könnten herausgeschlagen werden, um luftigere, loftartige Apartments zu schaffen; größere Fenster würden mehr Licht hineinlassen. „Ich lebe am Boulevard de Strasbourg", sagt Klouche: „Eine sehr laute Straße. Aber schwereres, moderneres Glas würde fast den gesamten Lärm abhalten – und plötzlich hat man ein luxuriöses Apartment im Herzen von Paris. Auch durch leisere Elektroautos könnten jene Ecken der Stadt, die jetzt schrecklich erscheinen, eines Tages durchaus schön werden."

Noch fantastischer klingt eine andere von Klouches Ideen: Er möchte „soziale Kollektoren, die alle Arten von Menschen anziehen" bauen, etwa einen zur Hälfte verborgenen Ring von Geschäften und Parks in der Nähe der Autobahnen. Sein frappierendster Vorschlag dehnt diese Vision aus bis ins Herz der alten Stadt: eine Pendlerzuglinie und ein mehrgeschossiges Einkaufszentrum – ähnlich dem Forum Les Halles – unterhalb des Grand Louvre. Immigranten und Arbeiter, die mit den Zügen aus den ärmsten Vororten kommen, würden sich hier mit Touristen im großartigsten Kulturpalast der Stadt mischen. Dass Klouches Vision je gebaut wird, ist unwahrscheinlich; aber sie unterstreicht die Spannungen zwischen der Theorie kultureller Integration und deren Umsetzung.

„Wir müssen mit dem arbeiten, was schon da ist", sagte kürzlich Bernardo Secchi, ein ebenfalls involvierter Architekt. „Diese Stadt hat zehn, elf Millionen Einwohner; wir können sie nicht zerstören. Aber wir müssen ihr eine neue Raumstruktur geben." Zu retten ist Paris nur, wenn es sich nicht weiter ausbreitet, glaubt Secchi; es muss sich wieder in sich selbst zurückziehen, auf den leeren Inseln etwas Sinnvolles schaffen.

Sarkozy hat die zehn Architektenteams, die an Paris 2020 arbeiten, gebeten, gemeinsam einen zusammenhängenden Entwurf zu entwickeln. Die Chancen, dass daraus ein einziger definitiver Plan hervorgeht, erscheinen gering – und selbst, wenn es anders wäre, könnte Architektur nicht alle sozialen Probleme der Stadt beheben. Trotzdem stellt das Projekt Grand Paris eine entscheidende Veränderung dar: Die modernistischen Tabula-rasa-Experimente der 1960er und 1970er schadeten nicht nur Städten auf der ganzen Welt; ihr Scheitern bedeutete auch den Verzicht auf visionäre Master-Planung. Der große neue Plan ist der, in kleinen Schritten in die Zukunft zu gehen. Das aber unaufhaltsam. ∎

---

**Nicolai Ouroussoff**, 47, ist Architekturkritiker der „New York Times" und schreibt über weltbewegende Bauvorhaben weltweit.

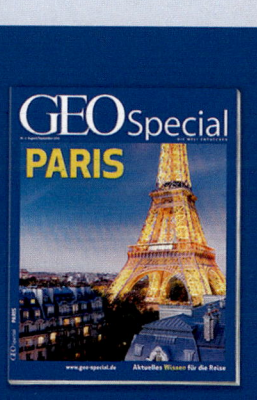

**Gratis**

**Reiserollentasche**

Viel Platz für Gepäck ohne lästiges Kofferschleppen! Reiserollentasche aus Polyester mit 2 Tragegriffen, 2-stufigem Teleskopgriff und 2 Leichtlaufrollen. Eine aufgesetzte Seitentasche mit Reißverschluss schafft zusätzlichen Platz. Maße: ca. 55 x 26 x 35 cm.

GEO Special berichtet jeweils über ein Land, eine Region oder eine Stadt. 6 x im Jahr.

# Sichern Sie sich jetzt Ihr Geschenk!
## Lieblingszeitschrift wählen und bis zu 13% sparen.

GEO bietet aufwendige Reportagen über die wichtigen Themen unserer Zeit. Jetzt auch mit DVD. 12 x im Jahr.

GEOkompakt ist monothematisch und widmet sich den großen Fragen der Allgemeinbildung in außergewöhnlicher visueller Opulenz. 4 x im Jahr.

GEO SAISON zeigt die schönsten Reiseziele rund um den Globus. 12 x im Jahr.

GEO EPOCHE ist das Geschichtsmagazin von GEO. Auch mit DVD. 6 x im Jahr.

GEOmini bietet Rätsel, Bastelspaß und Spiele für Kinder von 5 bis 7 Jahren. 12 x im Jahr.

GEOlino ist das Erlebnisheft für Kinder von 8 bis 14 Jahren. 12 x im Jahr.

---

## GEO-Familien-Vorteilscoupon

☒ **Ja,** ich bestelle die unten angekreuzten Zeitschriften und nutze alle meine Vorteile:

- Ich spare bis zu 13%!
- Ich erhalte alle Hefte und mein Geschenk frei Haus!
- Nach einem Jahr kann ich jederzeit kündigen!
- Geld-zurück-Garantie für zu viel bezahlte Hefte!

**Ja,** ich bestelle die angekreuzten Zeitschriften. Zum Dank für meine Bestellung erhalte ich **die Reiserollentasche** nach Zahlungseingang **gratis**. Die Lieferung aller Hefte erfolgt frei Haus. Ich gehe kein Risiko ein, denn ich kann nach einem Jahr jederzeit kündigen. Das Geld für bezahlte, aber nicht gelieferte Ausgaben erhalte ich zurück.

**GEO Special** (6 Hefte) für mich, Bestell-Nr. ☐ 704054, als Geschenk ☐ 704055
Erscheint 6x jährlich zum Preis von zzt. € 6,95 (D)/€ 8,10 (A)/Fr. 13.60 (CH) pro Heft.

**GEO** (12 Hefte) für mich, Bestell-Nr. ☐ 704056, als Geschenk ☐ 704057
Erscheint 12x jährlich zum Preis von zzt. € 5,65 (D)/€ 6,40 (A)/Fr. 11.60 (CH) pro Heft.
**GEO mit DVD** für mich, Bestell-Nr. ☐ 705948, als Geschenk ☐ 705949
Erscheint 12x jährlich zum Preis von zzt. € 10,65 (D)/€ 12,20 (A)/Fr. 22.00 (CH) pro Heft.

**GEOkompakt** (4 Hefte) für mich, Bestell-Nr. ☐ 704058, als Geschenk ☐ 704059
Erscheint 4x jährlich zum Preis von zzt. € 7,75 (D)/€ 8,95 (A)/Fr. 16.00 (CH) pro Heft.

**GEO SAISON** (12 Hefte) für mich, Bestell-Nr. ☐ 704060, als Geschenk ☐ 704061
Erscheint 12x jährlich zum Preis von zzt. € 4,40 (D)/€ 5,10 (A)/Fr. 9.00 (CH) pro Heft.

**GEO EPOCHE** (6 Hefte) für mich, Bestell-Nr. ☐ 704062, als Geschenk ☐ 704063
Erscheint 6x jährlich zum Preis von zzt. € 8,00 (D)/€ 8,95 (A)/Fr. 16.50 (CH) pro Heft.
**GEO EPOCHE mit DVD** für mich, Bestell-Nr. ☐ 704064, als Geschenk ☐ 704065
Erscheint 6x jährlich zum Preis von zzt. € 14,25 (D)/€ 15,70 (A)/Fr. 29.10 (CH) pro Heft.

**GEOmini** (12 Hefte) für mich, Bestell-Nr. ☐ 704066, als Geschenk ☐ 704067
Erscheint 12x jährlich zum Preis von zzt. € 2,60 (D)/€ 2,80 (A)/Fr. 4.80 (CH) pro Heft.

**GEOlino** (12 Hefte) für mich, Bestell-Nr. ☐ 704070, als Geschenk ☐ 704071
Erscheint 12x jährlich zum Preis von zzt. € 3,05 (D)/€ 3,25 (A)/Fr. 5.70 (CH) pro Heft.

Die Preise gelten in Deutschland, Österreich und der Schweiz.

**Meine Adresse:** (Bitte auf jeden Fall ausfüllen.)

Name, Vorname
Straße/Nr. — Geburtsdatum: 19
PLZ — Wohnort
Telefon-Nr. — E-Mail-Adresse

**Zahlungsweise**
☐ Ich zahle bequem per Bankeinzug.
Bankleitzahl — Kontonummer
☐ Ich zahle per Rechnung.

**Anschrift des Beschenkten:** (Nur ausfüllen, wenn Sie einen GEO-Titel verschenken möchten.)

Name, Vorname
Straße/Nr. — Geburtsdatum: 19
PLZ — Wohnort

**Dauer der Geschenklieferung:**
☐ unbefristet (mindestens 1 Jahr) ☐ 1 Jahr

☐ Ja, ich bin damit einverstanden, dass GEO und Gruner+Jahr mich künftig per Telefon oder E-Mail über interessante Angebote informieren.

**Widerrufsrecht:** Die Bestellung kann ich innerhalb der folgenden zwei Wochen ohne Begründung beim GEO Special-Kunden-Service, 20080 Hamburg, in Textform (z. B. Brief oder E-Mail) oder durch Rücksendung der Zeitschrift widerrufen. Zur Fristwahrung genügt die rechtzeitige Absendung.

Datum — X Unterschrift

✉ GEO-Familien-Vorteilscoupon einsenden an: GEO Special, Kunden-Service, 20080 Hamburg

☎ Oder anrufen unter: 01805/861 80 00*

@ Einfach per E-Mail: GeoSpecial-Service@guj.de

*14 Cent/Min. aus dem dt. Festnetz, max. 42 Cent/Min. aus dem dt. Mobilfunknetz.

Verlag: Gruner+Jahr AG & Co KG, Dr. Gerd Brüne, Am Baumwall 11, 20459 Hamburg. AG Hamburg, HRA 102257. Vertrieb: DPV Deutscher Pressevertrieb GmbH, Dr. Olaf Conrad, Düsternstr. 1, 20355 Hamburg. AG Hamburg, HRB 95 752.

# DER WALD IN UNSEREM LEBEN

Alles fing damit an, dass meine Tochter Lou sich in den
Kopf setzte, sie habe einen Baum gezähmt, mit dem sie nun täglich
Gedanken austausche: sie auf Französisch, er telepathisch. Wo?
Na, im Parc des Buttes-Chaumont natürlich. Wo sonst in Paris könnten
Bäume so leicht ins Reden kommen?

TEXT ¬ MICHAEL STÜHRENBERG

Der Mittelpunkt? Ein antiker Tempel auf einem künstlichen Felsen in einem künstlichen See

## LIEBE FREUNDE,

vermutlich hat euch meine jüngste, in Eile abgeschickte E-Mail ein wenig befremdet. Ihr hattet gefragt, was meine Tochter Lou derzeit so in ihrer Pariser Heimat treibe. Worauf ich euch schrieb, sie sei hauptsächlich damit beschäftigt, einen Baum zu zähmen. Ich sehe ein, dass diese Nachricht unverständlich bleiben musste. Sie euch zu erklären, bedeutet, euch unseren Stadtpark zu beschreiben, den Parc des Buttes-Chaumont. Und entschuldigt: Das braucht Zeit und Platz. Und unbedingt auch einen historischen Abriss.

Nichts in den Anfängen der Buttes-Chaumont hat erkennen lassen, dass diese unfruchtbaren Hügel am Pariser Nordostrand sich zum Anfang des dritten Jahrtausends zu einer 24,73 Hektar großen Ausdehnung von Lous Kinderzimmer entfalten würden. Zu ihrer persönlichen Natur sozusagen. Im Mittelalter, müsst ihr wissen, standen auf den „kahlen Hügeln", den *chauves monts*, daher der Name Chaumont, die städtischen Galgen. Zur Abschreckung ließ man die Gehängten am Strick faulen, damit Krähen ihnen die Augen auspicken konnten. Es waren Vögel von derselben aufgeplusterten Art wie jene, die wir noch heute täglich im Park antreffen und an denen ich – trotz Lous vehementer Proteste – gern mein Zielgeschick als Kastanienwerfer ausprobiere.

Als Louis XVI, Frankreichs letzter absoluter Monarch, 1793 unter die Guillotine gezwängt wurde, verschwanden die Galgen. Man brauchte sie nicht mehr, da man nun – dank König Ludwig – wusste, um wie viel fortschrittlicher eine Köpfungsmaschine war. Auch die Krähen wurden nun wieder magerer. Allerdings dienten die Buttes-Chaumont weiterhin der Entsorgung, nicht mehr von Menschen zwar, aber doch von Abfall und Jauche. Ein Klärbecken und eine Müllhalde prägten den Duft des Viertels, dessen Bewohner bei Nordwind zudem noch Ausdünstungen des Viehmarkts und der Schlachthöfe von La Villette atmen durften. Was die optischen Reize der Gegend betraf, so wurden diese noch erhöht: durch das Aufreißen der Hügelflanken zu Gips-Steinbrüchen, deren Staub fortan die Häuser der Nachbarschaft zudeckte.

Dann endlich schenkte uns die Geschichte Napoleon III. Ihm verdanken wir die Idee, jenes stinkende, zerklüftete Gelände durch Natur zu sanieren. Als Anlass dazu diente die Pariser Weltausstellung von 1867. Eingeweiht wurde der Parc des Buttes-Chaumont am 1. April – gerade so, als wäre er nur ein Scherz. Auch diese Idee ist nicht völlig von der Hand zu weisen. Der dritte Napoleon wollte etwas für die neuen Massen tun. „Pour les ouvriers!", jene schnell alternden Kinder der Industriellen Revolution. Was konnte da näherliegen als ein Volkspark? Die Tuilerien waren dem Pöbel zu royalistisch, und elegante Gärten, wie den Jardin du Luxembourg oder den Parc Monceau, hatte längst die Bourgeoisie für sich vereinnahmt.

Dem Volk ließ der Landesvater etwas entwerfen, das seiner Vorstellung von einem „romantischen Park" entsprach. Ohne die typisch französischen, scharf und eckig gestutzten Hecken und Alleen. Als Vorbild diente vielmehr die englische Idee eines Landschaftsparks: mit weitläufigen Rasenflächen, allerlei Bäumen aus aller Welt sowie kleinen Bauwerken, die nicht nur als Regenschutz und inspirierendes Dekor für amouröse Annäherung verstanden werden konnten, sondern dank ihrer

## ES MUSS NICHT GLEICH VERSAILLES SEIN

neoklassizistischen Stilelemente auch als kulturgeschichtliche Reminiszenzen für Halb- und Ungebildete.

Auf den Hügeln der Buttes-Chaumont haben solche Ambitionen zum Entstehen einer Landschaft geführt, die sich perfekt für jede Märklin-Eisenbahn eignen würde. Alles ist niedlich und künstlich: der See in seinem Grund, die zwei ihn aus dem städtischen Wassernetz speisenden Bächlein, die Kaskade und die Stalaktiten in einer zementierten „Tropfsteinhöhle", das „antike" Tempelchen auf dem Gipfel des Inselfelsens, zu dem eine abenteuerlich anmutende Hängebrücke führt.

Trotz der angelsächsischen Startidee haben sich die Buttes-Chaumont dann zum französischsten Park von Paris entwickelt. Sommertags erinnert er an eine Karikatur des Zeichners Sempé. Wenn der Lebensstrom unseres 19. Arrondissements zwischen Julihitze und Augustschwüle zu Brei gerät, wird der Park zum Austragungsort eines gallischen Happenings. Zu Tausenden liegen dann erwachsene Menschen halb nackt, manche ganz nackt, auf Wiesen, die wegen ihrer steilen Hanglage wie Almweiden wirken, und reden, rauchen, trinken, spazieren mitunter auch mit dem Champagnerglas umher. Ihre Kinder planschen unterdessen in den künstlichen Bächen zu Füßen der Hänge. Oder tun andere Dinge, von denen – so steht es auf den Warntafeln – die meisten verboten sind, etwa Fußballspielen und Fahrradfahren. Aber sie tun es in Frieden und Gelassenheit, zudem unter Aufsicht von Parkwächtern, die darauf achten, dass die Kinder nicht zu Schaden kommen.

Ein schöner Ort also. Dennoch: Manche Pariser, glaube ich, schämen sich noch immer der besonderen Ästhetik der Buttes-Chaumont. Wie sonst wäre zu erklären, dass unser Park von kaum einem Pariser Reiseführer angepriesen wird. Nie kommen Gruppen japanischer Touristen, um dieses Meisterwerk des volkseigenen Jugendstils zu bewundern.

Stattdessen sind es die Chinesen aus dem Chinatown von Belleville, die sich an Samstagen im Bürgermeisteramt des 19. Arrondissements, gegenüber dem Haupteingang des Parks, trauen lassen. Im Anschluss an ihr Jawort durchschreiten sie das schmiedeeiserne Tor, vor dem der von ihnen gemietete sahnefarbene Cadillac parkt, um ganz in Weiß und Schwarz für die vorausgeeilten Fotografen zu posieren. Die so entstehenden Bilder erinnern an chinesische Kalender: ein verliebtes Paar in der Natur, umschlungen vor prächtigen Blumenbeeten oder neckisch an einen Baum gelehnt, am Ufer des 30 Zentimeter flachen Sees, wo Enten die Schwäne ersetzen.

Wir dürfen es kritischen Geistern also nicht verübeln, wenn sie unseren Park als landschaftliches Pendant zur lackierten Ente empfinden. Ich teile diese Meinung nicht. Aber auch ich kann die Buttes-Chaumont nicht immer so sehen wie Lou, mit dem alles verzeihenden Blick kindlicher Leidenschaft.

Vielmehr betrachte ich sie durch den Filter der Erwachsenen-Vernunft. Das heißt, in meiner Eigenschaft als Bewohner dieses Viertels. Als Citoyen mit Anspruch auf soziale Harmonie. Ohne diesen Park, weiß ich, wäre unser Viertel schon längst explodiert, al-qaidaisiert, jüdisch-fundamentalisiert, menschlich verödet. Die ethnischen Gruppen, in die unsere Nachbarschaft zerfällt, halten nichts voneinander und neigen mitunter dazu, dies gewaltsam mitzuteilen. Vor einigen →

Zieht der Frühling grünend in die Buttes-Chaumont ein, wird unser Alltag wieder bunt und warm und das Leben rundum erträglich

# NATUR IM VERBUND MIT DER NATUR DER MENSCHEN

Spielt das Wetter mit, haben wir an Sommersamstagen volles Programm. Dann schauen wir uns frisch Getraute bei ihrer Fotosession im antiken Tempel an, Gelegenheitskünstler in der Tropfsteinhöhle und alle unsere Nachbarn auf den Wiesen

Monaten erreichte uns die Botschaft, einige aus dem Viertel stammende junge Muslime hätten als „Märtyrer" in Afghanistan und Irak den Weg ins Paradies gefunden.

Doch sogar auf solche Nachbarn wirkt der paradiesische Park unseres Viertels manchmal noch Wunder. Sowie sie die Buttes-Chaumont betreten und darin IHRE Ecke aufsuchen, werden sie verträglicher, fast möchte man sagen: schöner. Denn in SEINER Ecke fühlt sich ein jeder heimisch. Weil ihn dort lauter Menschen umgeben, in denen er sich selbst erkennt: Schwarze aus Mali, Kongo, Senegal; Kinder von sephardischen Juden aus Marokko, Tunesien, Algerien; Kinder von Muslimen aus denselben Ländern. Und dazu noch die *bobo*, die sogenannten Bourgeois Bohémiens: wahnsinnig cool, von politisch korrekt bis zum Hippie-happy-Spätentwickler.

Dazwischen, wie fließender Leim, spazieren wir Übrigen, die wir uns nicht ethnisch, religiös oder modisch zuordnen wollen, sondern nur einen Fuß vor den anderen setzen, ein bisschen Händchen halten, gucken, lauschen. Dabei fallen uns Parkbänke auf, die, kaum dass die ersten Frühlingsstrahlen die Pariser Smog-Kuppel durchbrechen, die immer selben Greise auf sich zu ziehen scheinen. Bleibt man neben diesen Bänken stehen – mit dem unverdächtigen Gesichtsausdruck desjenigen, der noch zögert, ob er den Weg zur Tropfsteinhöhle oder jenen zum antiken Tempel einschlagen soll –, dann hört man die unterschiedlichsten Sprachen, von denen man selten eine versteht.

Das sind die Alten aus Belleville, dem Viertel auf der Ostseite des Parks. Es besaß einmal den Ruf, eine der effizientesten Integrationsmaschinen der Welt zu sein. Hier kamen Fremde an, hier wurden sie zu Franzosen. Geschah irgendwo auf der Welt etwas Schreckliches – Völkermord an Armeniern, Aufruhr in Serbien, Bürgerkrieg in Spanien, spätkoloniale Probleme in Afrika, politische Verfolgungen in der Kabylei, Indochinakriege –, so keimte kurz darauf eine neue Kolonie von Herbeigeflohenen auf dem rissigen Pflaster von Belleville.

Erst seit aus den Folgen des Algerienkriegs die Banlieue erwuchs, klappt es mit der Integration weniger gut. In der Rue Petit, keine fünf Minuten von unserer Wohnung entfernt, prügeln sich gelegentlich Banden von Halbwüchsigen. Weil ihrer Ansicht nach eine der Fronten im Nahostkrieg genau durch diese Straße verläuft.

Nur im Parc des Buttes-Chaumont zeigen sich alle von ihrer besten Seite, fokussieren sie die Schärfe ihrer Blicke auf die Einfachheit von Kinderträumen: Ponyreiten, Drachen steigen lassen, sich von Softeis, Waffeln und Zuckerwatte die Finger verkleben lassen. Oder auch nur zielsicher in die Zukunft lächeln, wie die chinesischen Hochzeitspaare am Seeufer.

Der Park besänftigt das Viertel, beruhigt die Polizei, befriedigt den Bürgermeister. Geschieht im Dickicht zwischen Karussel und dem Kasperletheater Guignol doch einmal ein Mord, dann nur, weil auf der anderen Seite des Gitterzauns ein Aufnahmewagen der Pariser Filmstudios parkt. Wie absurd: Wollen Krimi-Regisseure Verbrechen auf besonders schaurige Weise inszenieren, wählen sie dafür mit Vorliebe den friedlichsten Ort von Paris.

# PARK-HAPPENING AM WOCHENENDE

So viel zum Wert der Buttes-Chaumont für uns Erwachsene. Kinder sehen ihn natürlich ganz anders. Aber wie? Ich habe unsere – Lous und meine – verschiedenen Park-Aktivitäten in jüngster Zeit einer kritischen Prüfung unterzogen. Gefällt es meiner Tochter tatsächlich, wenn wir mit ausgestreckten Beinen und angewinkelten Armen die Hänge der Almwiesen hinabrollen und dabei aussehen wie zwei astlose Baumstämme, ein kurzer und ein längerer?

Natürlich fielen mir vor allem Aktivitäten ein, die Vätern pädagogisch wichtig erscheinen. Etwa Enten füttern: mit im Seewasser wieder aufweichenden Baguette-Resten, wozu ich mein Postulat erkläre, Nahrung nie auf den Müll zu werfen. Schon allein wegen des Hungers in der Welt! Bis Lous Miene mir verrät, dass sie seit geraumer Zeit nicht mehr zuhört.

Was also will sie wirklich in diesem Park? Vögeln beim Nestbau zuschauen? Marienkäfer fangen, um sie wieder fliegen zu lassen? Igel oder Eichhörnchen aufstöbern? Wilde Feldblumen pflücken und dafür die anderen in den Beeten weiterwachsen lassen? Abenteuerpfaden folgen und so tun, als würden wir sie nicht kennen? Im Gras picknicken: mit Pizza, Würstchen, Chips, Oliven, Tomaten und Tapenade – während sich unsere Blicke am Grün der Buttes-Chaumont sättigen?

Lauter Dinge, die Lou mag. Aber sind es die wesentlichen? Im Grunde habe ich unseren Park immer als Ersatz für einen Wald verstanden. Weil ich mir nicht vorstellen kann, wie Kinder ohne Wälder auskommen sollen. Mit den Wäldern verschwänden auch die Märchen, schrieb Günter Grass. Zu Recht. Andererseits: Lous unersättliches Bedürfnis an Märchen und Geschichten aller Art hat ja längst mich als Wald auserkoren. Wozu braucht sie dann noch den Parc des Buttes-Chaumont?

Ich habe noch einmal in meinem Archiv gekramt. Dort fand ich einen Brief, den ich euch vor neun Jahren geschrieben habe, zu Beginn von Lous Leben. Es ging um das Mysterium eines Lächelns. Auch das geschah im Park: Februar, grauer Himmel, Bäume ohne Blätter. Lou im Kinderwagen, den Blick zwangsläufig in die Höhe gerichtet. Und plötzlich lächelte sie – ohne einen für mich erkennbaren Grund. Beunruhigt legte ich mich neben dem Kinderwagen auf den Parkweg, blickte aus ihrer Perspektive in den Himmel, um zu ergründen, was meine Tochter zu jenem Lächeln bewegt haben mochte.

Und was, glaubt ihr, habe ich gesehen? Nur ein Gewirr von kahlen Ästen, das sich in 20 Meter Höhe gegen den trüben Himmel abzeichnete. Eventuell hätte man das Bild für ein Frühwerk des Strukturalismus halten können. Für ein naives Beispiel unserer „Suche nach den unerwarteten Harmonien", wie Lévi-Strauss es nannte. Hm.

Besaß Lous Lächeln einen mir verborgenen Sinn? Verband es sich mit Wissen? Aber, sträubte sich mein Verstand, die Kleine hat doch noch gar keine Ahnung, was ein Baum überhaupt ist. Kann in ihrem gegenwärtigen Liege- und Krabbelzustand nicht begreifen, dass Blätterlosigkeit Vergänglichkeit symbolisiert, den Wechsel von Jahreszeiten, den Schlaf der Natur, unseren Lauf auf ein unausweichliches Ende hin sowie das lange Warten auf Frühling im Parc des Buttes-Chaumont.

Nun, Jahre danach, glaube ich, die Bedeutung jenes Lächelns entschlüsselt zu haben: Es prophezeite eine Verbindung →

> Jeder von uns hat im Park seinen Stammplatz. Dort, wo einen die Freunde finden können. Und wo man sich mitunter auch selbst finden kann

# VIEL LICHT – ABER AUCH HERRLICHE SCHATTENSEITEN

zwischen Lou und einem Baum. Einem einzigen, einem einzigartigen Baum: Sapinou! Den Namen hat meine Tochter selbst ausgesucht, weil er wie eine Zusammensetzung aus Lou und *sapin*, Tanne, klingt, obwohl es sich in Wahrheit um eine Eibe handelt. Nur heißt Letztere im Französischen *if* – was für hübsche Namensbildungen denkbar ungeeignet ist.

Wie auch immer. Lou führte mich eines Tages zu jenem Baum und sagte: Das ist Sapinou, ich habe ihn gezähmt! Und dann: Sapinou, dies ist mein Vater.

Man kann Bäume zähmen?, fragte ich.

Ja, sagte Lou, ich habe es so gemacht wie der kleine Prinz von Saint-Exupéry. Man zähmt jemanden, indem man sich ihm behutsam nähert, in winzigen Schritten, und sich von Mal zu Mal etwas vertrauter verhält.

Le Petit Prince zähmt einen Wüstenfuchs. Das heißt, ein warmblütiges Lebewesen mit hellem Fell und langen Ohren. Ein Baum dagegen besteht aus Holz und Blättern. Man kann sich in seinen Schatten setzen, kann ihn begießen, entwurzeln, zersägen, aber nicht zähmen. Alles das gab ich Lou zu bedenken. Worauf sie antwortete, Sapinou warne sie vor den Vorurteilen Erwachsener.

Dann erzählte mir Lou, wie sie Sapinou kennengelernt hatte. Sie war damals achteinhalb Jahre alt, als er ihr auffiel. Weil er so allein dastand, umgeben nur von Rasen. Die anderen Bäume im Park, besonders die riesigen Kastanien, Eichen und Kiefern, stehen in Gruppen. Sie können miteinander reden und brauchen niemanden. Aber Sapinou? Er kann sich doch nicht mit Gras unterhalten, dachte Lou. Außerdem brauchte sie einen Baum, den sie ohne väterliche Hilfe besteigen konnte.

Ich sagte nur Ja, um mal wieder etwas einzuwerfen.

Und Lou erzählte weiter, wie sie anfangs nur die erste Astgabel erreichte, dann die von ihr abgehenden dicken Äste. Sie sind sehr bequem, sagte sie. Man kann sich auf sie legen und die Augen zumachen. Oder sich auf sie setzen und ein Buch lesen oder Schulaufgaben machen. Oder ein Eis essen.

Dann erfuhr ich von meiner Tochter, dass sie nach und nach die höheren Äste gezähmt hatte für sich; bis sie eines Tages in Sapinous Krone gelangte. Das war der schönste Tag meines Lebens, sagte sie. Vom Boden aus habe sie niemand mehr sehen können. Auch ich nicht.

Ich war sooooooo glücklich, sagte Lou, und ich merkte, dass es stimmte. Sie verriet mir, dass der Baum und sie sich nun alle Geheimnisse anvertrauen würden, sie auf Französisch, er per Telepathie. Er stellt mir seine Worte in den Kopf, meinte sie, das ist wunderbar. Jeder Mensch müsste einen Baum für sich allein haben. Dann wären alle viel glücklicher.

Ich verstehe, behauptete ich.

Und je gründlicher ich seither über Lous Worte nachdenke, umso verständlicher erscheinen sie mir: Jedem seinen Baum!

Vielleicht könnt ihr meinen Dank an Napoleon III. nun ein bisschen nachempfinden. Mit dem Parc des Buttes-Chaumont hat dieser ansonsten gewiss nicht fehlerfreie Herrscher einen sicheren Ort für Sapinou geschaffen; keine fortschrittliche Asphaltierung kann Lous Baum hier gefährden.

Wie ja überhaupt in diesem Wald vor den Kinderzimmern unseres grauen Viertels ausschließlich Gutes grünt und gedeiht. Les Buttes-Chaumont? Ein Hort der Harmonie, der einzige im Umkreis endloser Meilen aus Beton und Frust. Und mit Sicherheit der letzte Ort, wo wir noch Bäume und Nachbarn finden können, die uns zähmen.

Mit herzlichem Gruß aus dem Pariser Nordosten

LOUS VATER

## INFO

### ▶ BUTTES-CHAUMONT

## Für einen perfekten Tag im grünen Paris

**Öffnungszeiten:** Mai–Sept., 7–22 Uhr, sonst bis 21 Uhr.
**Haupteingang:** Place Armand Carrel, Metro Laumière, Haltestelle der Buslinien 48, 60 und 75.
**Andere Eingänge:** über Metro Botzaris, Metro Buttes Chaumont und die Buslinie 26.

### Orientierung

❶ **Belvédère:** Der ideale Aus- und Überblick vom „Tempel der Sibylle" auf dem Gipfel des Inselfelsens.

❷ **Grotte Cascade:** Künstliche Tropfsteinhöhle mit Wasserfall, sehr beliebt unter Kindern, Tauben und Fledermäusen. Saxofonspieler finden in der „Grotte" eine schmeichelhafte Akustik, ältere Leute spürbare Abkühlung im Hochsommer.

❸ **Cascade:** Mini-Wasserfall. Wer dem von ihm gespeisten Bach folgt, stößt nach wenigen Metern auf leicht bis kaum noch gekleidete Menschen, allerdings nur an heißen Tagen.

### Für die Kleinen

❹ **Théâtre Guignol Anatole:** Das tollste Kasperletheater der Stadt spielt seit 1892 im Parc des Buttes-Chaumont. An Wochenenden und mittwochs (und wann immer Frankreichs Kinder sonst schulfrei haben) gibt es 40-minütige Nachmittagsvorstellungen. Eintritt 3,50 € p. P., egal ob klein oder groß. Das nie enttäuschte Publikum begleitet die Abenteuer seines Helden Guignol in der Regel sehr lautstark: wenn etwa ein Räuber (oder ein Gendarm, denn auch er zählt in Frankreich stets zu den Ungeliebten) hinter dem Kasperle auftaucht und dieser den Bösewicht noch nicht entdeckt hat. Gehen Sie unbedingt auf die Website www.guignol-paris.com → *Guignol Anatole Buttes Chaumont*, klicken Sie auf *Galerie*, und vor Ihren Augen öffnet sich eine Kinderwelt von sagenhafter Poesie und Wichtigkeit.

❺ **Guignol de Paris:** Das zweite Puppentheater im Park, ein bisschen weniger fantasievoll, schöpft aus dem klassischen Repertoire, etwa Stücke wie „Rotkäppchen" und „Die drei Schweinchen". Dafür beträgt der Eintrittspreis nur 3 €. Auch diese Vorstellung lohnt sich.

❻ **Ponyreiten:** Große Falle für Eltern kleiner Kinder! Vier- bis Achtjährige können der Anziehungskraft des Cowboy-Gedankens absolut nicht widerstehen. Den Anbietern dieser *promenade en poney* ist dies völlig klar, weshalb sie schamlos 2,50 € fordern für einen an der Leine geführten „Gruppen-Ritt" von weniger als fünf Minuten. Und danach möchte Ihr Kind noch einmal reiten und noch einmal. Also: Nehmen Sie genügend Kleingeld mit! Oder machen Sie einen so großen Bogen, dass Ihr Nachwuchs die Ponys gar nicht erst entdecken kann.

### Für die Großen

❼ **Le Pavillon du Lac:** *nouveau!* Zehn Jahre stand das ehemalige Café als leere Halbruine im Grünen. Seit Frühjahr 2010 ist das Gebäude im Stil des Second Empire renoviert und mit neuem Leben erfüllt, als schickes Restaurant mit vier Terrassen und Seeblick sowie reichlich Platz für Hochzeiten und ähnliche Festlichkeiten. Wie bei jeder Neuigkeit stürzen sich die Pariser derzeit wie wild darauf. Der sonntägliche Brunch, für 10 € als „englisches Frühstück" angeboten, ist verführerisch.

❽ **Pavillon Puebla,** www.vincentcozzoli.com, Tel. 0033-1/42 02 22 45. Der Süditaliener Vincent Cozzoli ist im Viertel bekannt – als Koch und als Geiger, einst begleitete er Gilbert Bécaud! Beim Zubereiten von Antipasti singt er seinen Gästen manchmal Arien von Giuseppe Verdi vor. Eine der herzlichsten Adressen der Stadt. Wunderbare Gartenterrasse. Fünf Menüs mit italienischen Spezialitäten: 35–50 € ohne Wein.

❾ **Rosa Bonheur,** www.rosabonheur.fr: Das Trend-Café/-Bistro der jungen Pariser Öko-Szene, mit weitläufiger Terrasse und robusten Bankett-Tischen unter Kastanienbäumen. Wie gemacht für einen Aperitif mit Tapas, Käse, Oliven. Oder auch nur für ein Glas Wein. Freitagabends wird getanzt, bis 2 Uhr in der Früh. Was bedeutet, dass Rosa Bonheur noch geöffnet ist, wenn der übrige Park schon längst schläft. Kontrollierter Einlass erfolgt nach 22 Uhr nur noch über den Parkeingang bei der Metro Botzaris. Attention: Massenandrang! ■

Ein Grund, warum die Kleinen den Park ganz groß finden: das Kasperletheater Guignol Anatole

# Schlange verstehen

Sie gehört zu den weitverbreiteten Spezies in Paris: *la file d'attente*, die gemeine Warteschlange. Fünf Pariser Studenten haben sich an einem Sommersonntag in Geduld erprobt, ihre Zeiten gestoppt – und herausgefunden, welche Alternativen es zum langen Anstehen gibt

TEXT ¬ **RAFAEL, ORLANDO, STAN, TOM UND WALDECK**

## *Louvre*
### WARTEZEIT: 107 MINUTEN, BESUCHER PRO JAHR: 8 400 000

**KEIN ANDERES MUSEUM** hat so viele Besucher; durchschnittlich 23 000 sind es, die sich täglich durch das Herzstück abendländischer Kulturgeschichte bewegen: auf schier unermesslich langen Wegen, über Rolltreppen, durch Raumfluchten und Gänge. Deshalb unbedingt meiden: Feiertage, die kostenlosen ersten Sonntage im Monat, die Zeit zwischen 10 und 13 Uhr. An Donnerstagen im November dringt man am schnellsten zur Mona Lisa vor. Tickets lassen sich unter *www.fnactickets.com* online kaufen und im Fnac Forum (Forum Les Halles, Metro Châtelet-Les Halles) abholen. Anschließend verhalten Sie sich am besten wie ein Pariser: Nicht den Haupteingang in der Glaspyramide nutzen, unter der die hochmoderne Verteilerstation für Besucher liegt, kühl wie ein Flughafenterminal. Die Passage Richelieu (Rue de Rivoli, genau gegenüber der Metro Palais Royal), Porte des Lions (an der Seine zwischen Pont du Carrousel und Pont Royal) oder die Ladenzeile Le Carrousel du Louvre führen eleganter zu Lisa.

## Centre Pompidou
**WARTEZEIT: 26 MINUTEN, BESUCHER: 5 500 000**

**TUN SIE NUR SO**, als wollten Sie das Centre Pompidou besuchen. Schon von Weitem fällt Ihnen die endlose Warteschlange vor dem Eingang der Kunstfabrik auf. Also gehen Sie einfach weiter, an der Schlange vorbei, bis zum Rand des Platzes an der Ecke Rue Rambuteau. Dort finden Sie, völlig menschenleer, den Eingang zum Atelier des Bildhauers Constantin Brâncuși: 1876 in der tiefsten rumänischen Provinz geboren, 1904 in Paris angekommen. Ursprünglich wirkte er im Süden der Stadt, nahe Montparnasse. 1956, ein Jahr vor seinem Tod, übertrug der Künstler seine Werke dem französischen Staat – unter der Bedingung, dass sein Atelier mit allen darin befindlichen Objekten an einem neuen Ausstellungsort in genau demselben Zustand rekonstruiert wird, in dem es sich an Brâncușis Todestag befinden würde. Das Testament eines Mannes, der besessen war von der Kunst und heute zu Unrecht weniger Beachtung findet als die Wechselausstellungen nebenan.

## Angelina
**WARTEZEIT: 25 MINUTEN, BESUCHER: GESCHÄFTSGEHEIMNIS**

**PARISER GREIFEN FÜR DAS**, was in der Rue de Rivoli Nr. 226 serviert wird, zu Adjektiven wie *crémeux*, *onctueux*, *délicieux*. Fast schon ehrfürchtig rühren sie in ihren Tassen. Oft wird behauptet, Schokolade löse durch den Gehalt an Phenylethylamin wie bei Frischverliebten die Produktion von körpereigenen Glückshormonen aus. Eine wissenschaftlich bezweifelte Vorstellung, der man in den leicht verschlissenen Sesseln dieser Pariser Institution dennoch trauen mag. Denn: Mit heißer Schokolade hat Angelinas *chocolat chaud* so viel gemein wie Rotkäppchensekt mit Moët & Chandon. Reservieren nur mittags möglich: *Tel. 0033-1/42 60 82 00*. Ihrer spontanen Schokolust können Sie natürlich auch nachgeben, nur sollten Sie das nicht unbedingt an Wochenenden zwischen 16 und 17 Uhr tun. Dann ist die Schlange erfahrungsgemäß besonders lang. Wer sich nochmaliges Anstehen ersparen will: Glück in Flaschen oder als Granulat (ab 15 €) gibt es auch zum Mitnehmen.

## Notre-Dame de Paris
**WARTEZEIT: 22 MINUTEN, BESUCHER: 13 650 000**

**VICTOR HUGO** sah in seinem Roman über den Glöckner von Notre-Dame in dem Kirchenbau eine „Aufstapelung der Jahrhunderte". Derart lange werden Sie vor der Fassade mit der riesigen Rosette nicht warten müssen, doch ganz ohne irdische Ansteh-Mühsal geht es bei einer der großartigsten architektonischen Manifestationen des Christentums selten. Besonders dann nicht, wenn Sie über 387 Stufen auf die Türme und zu deren fünf Glocken wollen, die heute ein nicht buckliger Glöckner bedient. Steigen Sie deshalb am besten früh (direkt um 10 Uhr) oder spät auf: Im Juni, Juli, August kommt man dem Himmel bis 23 Uhr näher. Oder aber, so Sie einmal in der Schlange stehen und sich bereits sattgesehen haben: Fünf Fußminuten entfernt, in der Rue Saint-Louis en l'Île Nr. 29–31, warten „Praliné au citron et coriandre", „Caramel au beurre salé" und „Chocolat blanc du Mendiant". Die Attraktionen einer andere Kathedrale: Berthillon, der wohl besten Eisdiele von Paris.

# Triumphbogen

**WARTEZEIT: 13 MINUTEN,
BESUCHER: 1 570 000**

»IHR WERDET DURCH TRIUMPHBÖGEN HEIMKEHREN«, versprach Napoleon seinen Truppen 1805 nach der siegreichen Schlacht von Austerlitz. Er meinte einen Bogen von 49,54 Meter Höhe, 44,82 Meter Breite, 22 Meter Tiefe, dessen Grundstein er ein Jahr später legen ließ. Heute kann man vom gigantischen Groß-Klotz des kleinen Imperators nicht nur die fast zwei Kilometer lange Mutter aller Prachtstraßen bestens überblicken, die Champs-Élysées. Sondern auch Eiffelturm, Sacré-Cœur und den noch gigantischeren Bogen von La Défense. Jedenfalls, wenn man die unterirdische Wartezeit im Fußgängertunnel überstanden hat. Weil hier absolut nichts zu sehen ist, geben Sie sich am besten etwas auf die Ohren: „Globe-2go Audio Guide Paris", *www.globe2go.com*, Download ab 7,95 Euro, die Kurztour ist kostenlos. Die Macher sagen, sie hätten einfach das erfunden, was ihnen auf Städtereisen bisher gefehlt habe: einen Führer jenseits von Bus und Baedeker, der per MP3-Player immer dabei ist. Herausgekommen ist ein ausgeklügelter Mix aus Paris-Infos und -Anekdoten, mit dem man sich fast wie ein Einheimischer fühlt. ∎

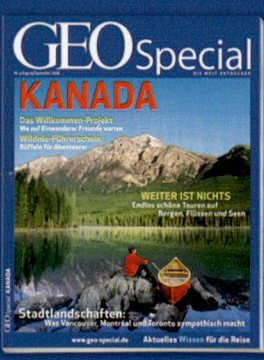

# In 20 Ausgaben um die

Weitere Produkte im Internet unter www.geoshop.de

 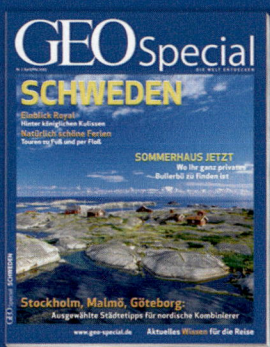  

# Welt. Mit GEO Special.

**Jetzt im ausgesuchten Buch- und Zeitschriftenhandel.** Falls Sie eines dieser Hefte verpasst haben, bieten sich jetzt folgende Möglichkeiten: Sie können zum Zeitschriftenhändler Ihres Vertrauens gehen und danach fragen. Sie können sich direkt an GEO wenden – Tel. 01805 / 86 18 003* oder Fax 01805 / 86 18 002*. Sie können im Internet unter www.geoshop.de nachschauen. Oder Sie können sich auf das neue Heft freuen. Und wenn das alles immer noch nicht zum Ziel Ihrer Träume führt, dann können Sie auch hinfahren.

AUGUST 2010

# dossier
Informationen in komprimierter Form

PARIS

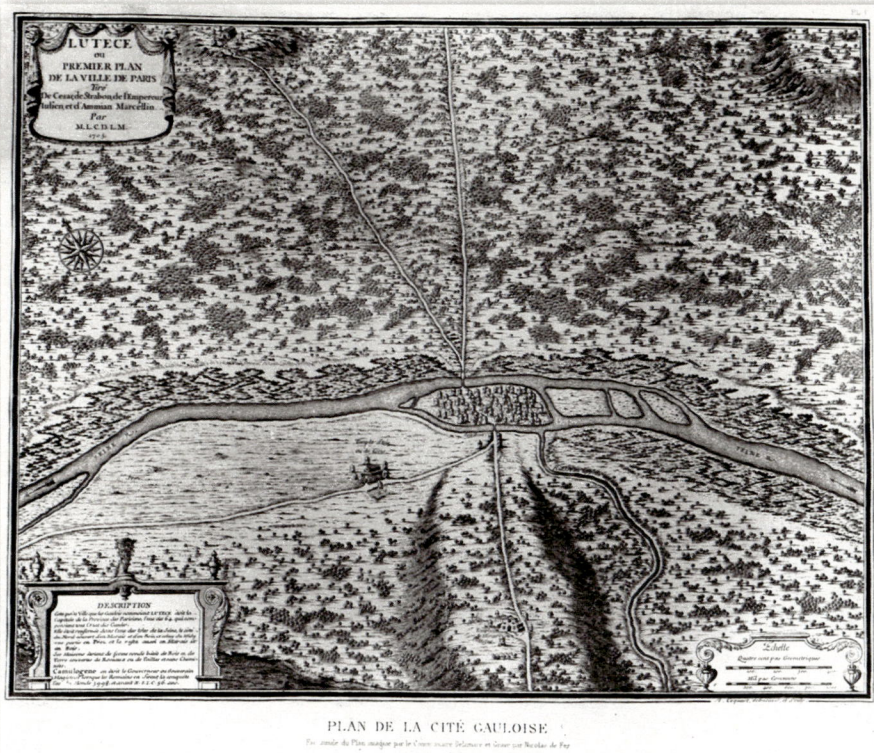

1705: Der erste Plan der Stadt erscheint. Er zeigt Lutetia Parisiorum zur Zeit Cäsars

SCHICKSALSTAGE

## DIE STADT, DIE DAS LAND DOMINIERT
Eine Stadtgeschichte muss keine Nationalgeschichte sein, doch im Falle von Paris ist es unvermeidbar: Hier fand fast alles statt

**51** v. Chr. ist ganz Gallien von den Römern besetzt. Auch Lutetia. Der keltische Stamm der Parisii hat seine kleine Hauptstadt an der Seine niedergebrannt, als Cäsars Legionen im Jahr zuvor anstürmten. Nun errichten die Römer eine neue Siedlung. Sie bauen Tempel, Thermen und ein Amphitheater. Mit Städten wie Lugdunum (Lyon) oder Nemausus (Nîmes) allerdings kann sich Lutetia Parisiorum nicht messen.

**987** n. Chr. besteigt Hugo Capet den Thron des jungen Königreichs Frankreich. Seiner Dynastie, den Kapetingern, gelingt es, die Königsmacht gegenüber den zahlreichen Landesfürsten zu stärken und eine zentrale Verwaltung zu schaffen – in Paris. Die Hauptstadt des neuen Zentralstaats wächst rasch: 1163 beginnt der Bau der gewaltigen Kathedrale von Notre-Dame. Südlich der Seine entsteht die Universität Sorbonne, die bald Studenten aus ganz Europa anzieht. Und in den engen Vierteln des Nordufers drängen sich immer mehr Händler und Handwerker. Anfang des 14. Jahrhunderts ist Paris mit 200 000 Einwohnern eines der am dichtesten besiedelten Zentren Europas.

∗∗∗

24. August **1572**. „Das Blut floss über die Straßen, als habe es stark geregnet", berichtet ein Augenzeuge über die Bartholomäusnacht. Es ist das Blut der Protestanten, die anlässlich einer ungewöhnlichen Hochzeit zahlreich in Paris weilen – der wohl katholischsten aller französischen Städte. Die Ehe des Hugenotten Heinrich von Navarra mit einer katholischen Prinzessin soll die Konfessionen versöhnen. Doch sie endet im blutigsten Massaker der französischen Religionskriege: Als am dritten Tag der Feiern ein Attentat auf den Hugenotten-Admiral Gaspar de Coligny verübt wird, lässt König Karl IX. aus Furcht vor Rache mehrere Protestanten-Führer liquidieren. Das ist das Fanal für den Mob der Stadt: Überall im erzkatholischen Paris machen Einwohner Jagd auf die verhassten „Ketzer". Mindestens 2000 Männer, Frauen und Kinder werden ermordet. Heinrich von Navarra überlebt, erbt 1589 sogar die Krone. Doch Paris weigert sich, dem Protestanten seine Tore zu öffnen. So kehrt König Heinrich IV. in den Schoß der „einzig wahren Kirche" zurück.

∗∗∗

**1661**. Vermutlich bereits im Alter von 23 Jahren beschließt König Ludwig XIV., seine Residenz in ein neues Prunkschloss nach Versailles zu verlegen. Der Monarch kehrt der Hauptstadt den Rücken, nachdem er als Kind während eines Aufstandes gegen das absolutistische Königtum aus der Stadt fliehen musste. Versailles wird zum neuen Zentrum. Von hier lenkt der Sonnenkönig Frankreichs Aufstieg →

2. Jahrhundert v. Chr.: Münze vom Stamm der Parisii

GEO SPECIAL > PARIS 119

# dossier | GESCHICHTE

1682: Louis XIV kehrt Paris den Rücken und macht das Versailler Schloss zu seiner Residenz

zur Großmacht. Hier zelebriert er seine verschwenderischen Feste, den lustvollen Lebensstil, der an vielen Königshöfen Europas voller Bewunderung imitiert wird. Trotz des Umzugs nach Versailles glänzt auch Paris im Grand Siècle, dem „großen Jahrhundert" der Franzosen. Die Stadt bleibt die wichtigste Metropole des Landes, sein wirtschaftliches Zentrum. Allein in der ersten Hälfte des 17. Jahrhunderts werden als Bollwerke der Gegenreformation fünf Dutzend neue Kirchen und Klöster gebaut. In der Ära des Sonnenkönigs kommen prachtvolle Plätze und Straßen hinzu, darunter der erste Teil der Avenue des Champs-Élysées. Für seine Kriegsveteranen lässt Ludwig das Hôtel des Invalides bauen, und anstelle der Stadtmauern legt er baumbeschattete Promenaden an. Der Abriss des mittelalterlichen Mauerrings ermöglicht ein ausuferndes Wachstum der Stadt.

\*\*\*

Am 14. Juli **1789** stürmen Hunderte Pariser die verhasste Gefängnisfestung der Bastille, ein Symbol der alten Willkürherrschaft. Seit Paris zum leuchtenden Zentrum der Aufklärung geworden ist und Denker wie Montesquieu und Voltaire in den Cafés der Stadt eine neue Ordnung fordern, wankt das Ancien Régime. Nun fegt die Französische Revolution es hinweg: Die Nationalversammlung verkündet die Menschen- und Bürgerrechte, Frankreich wird zur Republik, und im Januar 1793 rollt in Paris der Kopf des Königs. Die Guillotine steht bald nicht mehr still. Denn die Revolutionsregierung wird zum Terrorregime. Tausende – Adlige ebenso wie „Verräter" in den eigenen Reihen – enden auf dem Schafott. 1799 putscht sich der junge General Napoleon Bonaparte an die Macht. In Gegenwart des Papstes krönt er sich 1804 zum Kaiser – nicht in Rom, sondern in Notre-Dame. Napoleon I. träumt davon, Paris zur Welthauptstadt zu machen. Und tatsächlich unterwirft er halb Europa. Die großen Pläne für Paris indes bleiben ein Traum. Immerhin kann der Kaiser für seine glorreichen Armeen einen Triumphbogen am Ende der Champs-Élysées bauen – bevor er nach der Niederlage bei Waterloo 1815 in der Verbannung endet.

\*\*\*

29. Juni **1853**. Höchstpersönlich hat Napoleon III. (ein Neffe Bonapartes) zahlreiche farbige Linien in die Karte von Paris gezeichnet, die er seinem neuen Präfekten Georges Haussmann unterbreitet. Im Auftrag des Kaisers unternimmt Haussmann innerhalb von nur 17 Jahren den radikalsten Umbau, den die Hauptstadt je erlebt hat: 20 000 Häuser werden abgerissen, breite Boulevards in mittelalterliche Stadtviertel geschnitten, strahlenförmige Plätze angelegt, eine Kanalisation geschaffen. Die Sanierung der überbevölkerten und von Seuchen geplagten Stadt ist dringend nötig. Doch der Umbau vertreibt zahllose Bewohner der Innenstadt in die Armenviertel des Ostens. Ganz gleich, was Haussmanns Kritiker sagen: Sein Jahrhundertprojekt verwandelt Paris endgültig in Europas „Hauptstadt des 19. Jahrhunderts" – und prägt das Gesicht der Stadt bis heute.

\*\*\*

1891: Paris, gezeichnet von Toulouse-Lautrec

Am 6. Oktober **1889** eröffnet in Montmartre ein Vergnügungspalast, dessen wilde Tänzerinnen das Publikum elektrisieren. Das Moulin Rouge wird sofort eine der berühmtesten Attraktionen im Pariser Nachtleben. Und davon gibt es reichlich: Mehr als 200 Tanzpaläste, Variétés und Café-Concerts locken um die Jahrhundertwende mit der „Aufreizung aller Sinne", wie ein Beobachter entsetzt schreibt. Ein „Verlangen nach Hemmungslosigkeit" treibe Menschen aller Schichten allnächtlich in die Amüsierviertel der Stadt. Auch Intellektuelle aus dem Ausland zieht es magisch in Frankreichs hedonistische Metropole. Mancher vergleicht die Stimmung mit einem

1800: Davids Gemälde »Bonaparte, die Alpen überschreitend«

1940: Paris unter deutscher Besatzung

„Tanz auf dem Vulkan". Denn die politische Lage während der Dritten Republik ist höchst instabil; die Furcht vor neuen Umstürzen ist allgegenwärtig. Dennoch – oder eben deshalb – feiern die Bewohner von Paris ohne Unterlass. Sie lieben das Sensationelle in der Kunst ebenso wie in der Technik: 1889 berauscht man sich auf der Weltausstellung am höchsten Turm der Welt, dem Eiffelturm. 1895 eröffnet das erste Kino, 1900 die erste Metro. Die Belle Époque, wie diese Jahre später genannt werden, endet 1914 mit dem Ausbruch des Ersten Weltkriegs.

\*\*\*

14. Juni 1940. Beinahe menschenleer ist Paris, als Hitlers Soldaten im Zweiten Weltkrieg einmarschieren. Drei Viertel der 2,8 Millionen Einwohner sind in den Wochen zuvor geflohen – inklusive der Regierung. Während der dunklen Jahre der deutschen Besatzung kehren viele Bewohner in ihre Stadt zurück. Die Pariser erleben Hunger und eisige Winter ohne Heizkohle. Juden müssen einen gelben Stern tragen und jederzeit mit ihrer Deportation rechnen. Im August 1944 schließlich wird die Stadt von alliierten Truppen befreit. „Paris darf nicht oder nur als Trümmerfeld in die Hand des Feindes fallen", befiehlt Hitler. Doch General von Choltitz, der deutsche Kommandant in Paris, erkennt die Sinnlosigkeit des Kampfes – und übergibt die Stadt ohne jede Sprengung.

\*\*\*

25. März 1977. Erstmals seit einem Jahrhundert wählt Paris wieder einen Bürgermeister. Jacques Chirac ist erst der 13. Amtsinhaber. Denn im Laufe ihrer Geschichte unterstand die Hauptstadt meist direkt den französischen Herrschern. Eine der großen Herausforderungen an die Stadtverwaltung ist der Massenzustrom seit Ende des Zweiten Weltkriegs: Bis zur Jahrtausendwende steigt die Einwohnerzahl in Groß-Paris von sechs auf zehn Millionen. So entstehen in den Vororten, der Banlieue, gewaltige Hochhaussiedlungen. In den Trabantenstädten wohnen die vielen geringverdienenden Arbeiter und Migranten, etwa aus Nordafrika. Für sie sind die explodierenden Mieten der Innenstadt unerschwinglich. Dort entstehen neue Prestigebauten: Ganz in der Tradition einstiger Könige setzen sich die Staatspräsidenten Frankreichs architektonische Denkmäler in der Hauptstadt – auch nachdem Paris wieder eine kommunale Selbstverwaltung hat: Präsident Georges Pompidou verdankt die Stadt das 1977 eröffnete avantgardistische Kulturzentrum. Valéry Giscard d'Estaing ließ den Gare d'Orsay zu einem Museum des 19. Jahrhunderts umgestalten. Und François Mitterrand, der Bauwütigste von allen, verewigt sich in den gläsernen Pyramiden des Louvre, der Bastille-Oper und einer neuen Nationalbibliothek.

\*\*\*

27. Oktober 2005. Auf der Flucht vor der Polizei verstecken sich in der Pariser Vorstadt Clichy-sous-Bois zwei Teenager in einer Transformatorenstation – und verbrennen. Die Tragödie lässt die Wut der Migrantenkinder in den trostlosen Betonburgen der Banlieue überkochen. Drei Wochen lang liefern sich Jugendliche rund um Paris und in anderen französischen Städten brutale Schlachten mit der Polizei. Der Hass der Randalierer richtet sich vor allem gegen Innenminister Nicolas Sarkozy, der angekündigt hat, die Vorstädte „mit dem Hochdruckreiniger" vom „Abschaum" zu säubern.

2005: Aus Funken der Wut wird in den Banlieues Frankreichs ein Flächenbrand

Nachdem Sarkozy 2007 zum Staatspräsidenten gewählt wird, lässt er neue ortskundige Polizeieinheiten gründen. Die angekündigte Bekämpfung des Elends in den Vorstädten indes bleibt ein Lippenbekenntnis. Stattdessen verschärft sich infolge der Wirtschaftskrise die soziale Misere weiter.

\*\*\*

27. Mai 2010. Das französische Parlament verabschiedet die Gesetzesvorlage „Le Grand Paris": Durch sie soll die Banlieue enger mit der Stadt verknüpft werden (siehe Seite 90). Unter anderem sind über 20 Milliarden Euro für 130 neue Metro-Kilometer vorgesehen. ■ *Susmita Arp*

1977: Ein Präsident setzt sich ein architektonisches Denkmal – das Centre Pompidou

## GASTRONOMIE

### DIE FRANZÖSISCHE EVOLUTION

Nach Jahren des Stillstands in den Küchen der Hauptstadt verzückt endlich ein neuer Trend: »Bistronomie«, die Verbindung von Haute Cuisine und Bistro-Charme. Schuld ist ein kauziger Koch aus dem Süden

**D**AS STÄDTCHEN ROSES, am äußersten Zipfel Kataloniens, Anfang der 1990er Jahre: Ein spanischer Alchemist macht aus seinem Restaurant ein Chemielabor, bald wird Ferran Adrià mit Kaktusstäbchen und Olivenölbonbons die Gourmetwelt in Aufruhr versetzen. Zugleich beginnen rund um die Erde abenteuerlustige Köche, die Geschmäcker der Völker zu einer globalen Küche zu vermählen – es ist die größte kulinarische Umwälzung seit Jahrzehnten. Allein die Welthauptstadt der Feinschmecker versagt sich der Revolution: Paris tritt auf der Stelle. Ausgerechnet die Franzosen, deren Hingabe zu feinen Speisen religiöse Züge trägt, verpassen die Chance zur Erneuerung. Entweder, so war es damals, musste es das Hochamt der französischen Cuisine sein – das Arsenal an Esswerkzeug neben dem Teller, die hochfahrende Poesie der Speisenkarte, der zudringliche Fleiß der Ober – oder aber rustikaler Landwein zu Steak-Frites; an der Tür, zum Handschlag bereit, die Gauloise im Mundwinkel: der schnauzbärtige Patron. Es gab hier die Tempel, derart vornehm, dass man vor lauter Zeremoniell kaum zum Essen kam, und dort die Bistros, so betont bodenständig, dass Jakobsmuscheln und Gänseleber schon aus Prinzip keinen Platz hatten. Dazwischen war nichts.

Dann betrat Yves Camdeborde, ehemals Koch im Restaurant des Luxushotels Le Crillon, die Bühne des Pariser Gourmettheaters, beendete die Zweiklassengesellschaft und eröffnete: La Régalade. Ein bescheidenes Lokal im unprätentiösen 14. Arrondissement, die Menüs zwar fein, doch die Atmosphäre gesellig – die Geburtsstunde der Bistronomie. Camdeborde hatte der Welt bewiesen, dass den Franzosen nach dem Erfolg der Nouvelle Cuisine in den 1970er Jahren die Ideen nicht ausgegangen waren. 1992 war das, doch es sollte noch einige Jahre dauern, bis aus dem Experiment ein Trend wurde. Maßgeblich beteiligt am Aufstieg des Haute-Cuisine-Wirtshauses zur wichtigsten Strömung im kulinarischen Paris: der Journalist Sébastien Demorand. Er schuf 2003 den Begriff Bistronomie – die Geselligkeit des volkstümlichen Bistros mit seinen bordeauxfarbenen Markisen und Tischtüchern in rotem Karo schwingen darin ebenso mit wie die Finesse des Pariser Gourmetrestaurants. Nun, da das Kind einen Namen hatte, waren die Lokale nicht mehr versprengte Exoten im Wildwuchs der Pariser Restaurantlandschaft, sondern die Avantgarde einer neuen Bewegung. Camdeborde, ihr allseits anerkannter Gründervater, stammt aus Pau am Fuße der Pyrenäen. Ein knorriger Kerl Mitte 40, das Gesicht zerknautscht, die Haare wirr. Bis heute bleibt er Anführer der Bistronomen. Und obwohl sein neues Restaurant, Le Comptoir du Relais, am schicken Rive Gauche liegt, zwischen Île de la Cité und Jardin du Luxembourg: Es bleibt ein handfestes Bistro – die Fensterfront säumen Stuhlreihen, drinnen sitzt man gedrängt um den mächtigen Tresen, die Kellner tragen Schürze statt Fliege.

Typisch Bistronomie: Die Auswahl erschöpft sich oft im *menu unique*, Gerichte à la carte stehen nicht zur Wahl, eine feste Speisenfolge, saisonal, regional, ist komponiert zu mehreren Gängen. Mag das Ambiente auch rustikal sein, das Essen genügt Sterne-Standard, der Chef de Cuisine fährt die Juwelen der Haute Cuisine auf: Foie Gras, Trüffel, Jakobsmuschel. Zu vornehm darf es freilich auch nicht werden, daher kommen auch Weißwurst oder Geschmortes aus der steinernen Cocotte auf den Tisch. Camdebordes Comptoir ist mittags rustikales Bistro, abends servieren die Garçons auf weißen Tischdecken. Die Bistronomen verlangen keine Mondpreise, wohltätigen Zwecken gehen sie aber ebenso wenig nach: Das Einheitsmenü kostet im Comptoir schnell 50 Euro ohne Wein.

Die Rechnung geht trotzdem auf, das Geschäft mit der Bistronomie blüht: Inzwischen zählt der Fooding Guide, Zentralorgan der Bewegung, 127 Lokalitäten allein in Paris. Fooding, ein Zwitterwort aus *food* und *feeling*, ist das französische Label für die gesammelten kulinarischen Strömungen des vergangenen Jahrzehnts. Neben der Bistronomie rechnen sie die „Fusion Food" getaufte Globalisierungsküche dazu und auch deren Konterpart, die italienische Slow-Food-Bewegung. Nach langen Jahren der Missachtung kulinarischer Abenteuer abseits der Sterneküche zelebrieren die Pariser den Seitensprung nun mit Hingabe. Allein die Gralshüter der Haute Cuisine strafen den Aufruhr im Volk weiterhin mit strenger Missachtung: Einen Michelin-Stern konnte bislang keiner der Bistronomen ergattern. ∎

*Sebastian Kretz*

**Comptoir: Haute Cuisine auf Holzbrettchen**

Das Recht des Schwächeren: Hausbesetzung

Anziehend und abstoßend: die Katakomben

Gefangener Beweis: Der Lachs ist wieder da

## MIETFREI INS MARAIS
Wegen großer Wohnungsnot haben Aktivisten ein Haus an der superschicken Place des Vosges besetzt

**DIE PLACE DES VOSGES** halten viele für den schönsten Platz der Stadt: die quadratische Strenge, die backsteinrote Geschlossenheit der Stadtpaläste, die Kühle der Arkaden. Mitten im Marais stand hier jahrzehntelang eine alte Adelsresidenz leer. Hausnummer 1b, die Geburtsstätte der Schriftstellerin Marquise de Sévigné, das Parkett zerkratzt, das Gebälk voller Würmer. Dann kam „Jeudi Noir", eine Gruppe Pariser Aktivisten, die sich dem Kampf gegen den Mangel auf dem Mietmarkt verschrieben hat. Im Oktober 2009 nisteten sich 32 Hausbesetzer unter der vornehmen Adresse ein.

Der Medienrummel war groß, als die Polizei die Residenz nicht räumen durfte – die Besetzer hatten sich 48 Stunden in dem Gemäuer versteckt; nach Ablauf dieser Frist kann nichts ohne richterlichen Räumungsbefehl geschehen. Den erwirkte der Vormund der entmündigten Besitzerin zwar im Januar 2010, Jeudi Noir aber legte Berufung ein. Und stieß offenbar auf Sympathie in der Justiz: Bei Redaktionsschluss lebten die *squatteurs* noch immer in ihrem morbiden Palast.

## UNTERIRDISCH
Die Katakomben zu betreten ist illegal. Viele Pariser tun es trotzdem. Die Polizei ist ihnen auf der Spur

**MAN KANN ES SICH EINFACH MACHEN** und den Eingang an der Place Denfert-Rochereau nehmen. Das kostet zwar acht Euro, ist aber der offizielle Besucherweg zu den Totenschädeln im Pariser Untergrund. Einige junge Pariser indes interessiert der legale Zugang zum gewaltigen System der Katakomben nicht. Sie steigen durch Kanaldeckel ein, folgen selbst gezeichneten Plänen durch die Dunkelheit. Hunderte Tunnelkilometer durchziehen den Pariser Untergrund, im 18. Jahrhundert als Steinbruch entstanden, später mangels Friedhofsfläche zum Massengrab umfunktioniert, ein finsteres Labyrinth voller Gebeine.

Doch die Tore zur Unterwelt beginnen sich zu schließen. Bereits seit 1955 ist es verboten, die Katakomben außerhalb der Museumsgänge zu betreten. Weil trotzdem viele *cataphiles* hinabstiegen, um Partys zu feiern oder die Wände zu bemalen, hat die Polizei die meisten der einst über 300 Eingänge versiegelt. Und patrouilliert auch unterirdisch: Wer in den Katakomben erwischt wird, zahlt mindestens 35 Euro Bußgeld.

## JEDEM DIE SEINE
Die Fische kehren in die Seine zurück. Angler ziehen dicke Lachse aus einem Fluss, der bereits als tot galt

**BELIEBT UND BELEBT** wie lange nicht mehr, zieht die Seine heute wieder Naturfreunde an. Der Grund: Der fast tot geglaubte Fluss im Herzen von Paris, über Jahrzehnte verseucht durch Einleitungen aus Industrie und Millionen von Haushalten, lockt mit einer auferstehenden Biodiversität. Überlebten 1995 in der Seine gerade noch vier Fischarten, so ist deren Vielfalt auf spektakuläre 32 angestiegen, darunter der Atlantische Lachs.

„Tausend Lachse müssen durch Paris gezogen sein", jubelte ein Sprecher des französischen Fischereiverbandes, nachdem ein Angler vor den Toren der Stadt einen sieben Kilo schweren und einen Meter langen Lachs an den Haken bekommen hatte. Jean-Luc Baglinière vom staatlichen Agrarforschungsinstitut Inra betont: „Dies ist die erste natürliche Wiederbesiedlung eines großen europäischen Flusses durch den Atlantischen Lachs. Es wurden keine Fische aus Zuchtbetrieben ausgesetzt." Vielleicht wird nun bald auch eine andere Spezies zurückkehren: die des Seine-Anglers.

# dossier | PARIS KOMPAKT

Schwächelt: der Wirtschaftsstandort Paris

Fällt aus dem Rahmen: Kunstraub im Mai

War bereits als 007 in Paris: Roger Moore

### RENNEN NACH RENNES
Die Pariser Wirtschaft hinkt, während kleinere Städte florieren. Viele Hauptstädter ziehen bereits in die Provinz

### NACHT DER OFFENEN TÜR
Dilettantisch gesichert sind viele Schätze der Pariser Museen. Offenbar ist nicht geplant, das zu ändern

### EINE STADT ALS STAR
Hunderte von Filmteams fallen jedes Jahr in Paris ein. Demnächst kommen James Bond und Sherlock Holmes

**AUSLÄNDERN** mag Paris als Nabel der Welt erscheinen, im inländischen Vergleich wirkt die Hauptstadt eher wie ein dicker Bauch auf dünnen Beinen. Zumindest ergibt sich dies aus einer vom Pariser Wochenmagazin „L'Express" im Juni 2010 veröffentlichten Studie: „Hitparade der 50 dynamischsten Städte". Demnach entwickelt sich die Pariser Region wirtschaftlich langsamer als regionale Zentren wie Toulouse, Rennes, Nantes, Perpignan oder Montpellier.

Von 1999 bis 2006 hat sich die Zahl der Arbeitsplätze in Paris um 9,3 Prozent erhöht, verglichen mit 26 Prozent etwa für Toulouse. In der Dynamik-Hitparade rangiert Paris auf Platz 35. Noch schlechter (Platz 39) schneidet die Kapitale im Vergleich der Lebensqualität ab: astronomische Mietpreise, schlechte Luft, chaotischer Verkehr und rundherum weder Berge noch Strände. All dies führt dazu, dass mehr Pariser in die Provinz abwandern als Provinzler nach Paris kommen. Für den Zeitraum 1999 bis 2006 beläuft sich dieses Defizit auf 115 000 Menschen: die Einwohnerzahl der Stadt Nancy!

**MAN KANN NICHT SAGEN**, das Musée d'Art moderne der Stadt Paris habe seinen Gegenspielern Steine in den Weg gelegt. Der Einbrecher, der im Mai 2010 fünf Gemälde von Braque, Léger, Matisse, Modigliani und Picasso aus dem Museumsklotz an der Seine stahl, fand vielmehr ideale Bedingungen vor. Die Bewegungsmelder waren seit Wochen defekt, die Nachtwächter wenig wachsam. Ungestört schnitt sich der Dieb – offenbar war er allein – durch ein Gitter, trennte die fünf Meisterwerke aus ihren Rahmen und verschwand. Es dauerte Stunden, bis jemand den Diebstahl bemerkte.

Bereits 2007 hatte eine Kulturbehörde Sicherheitsmängel moniert. Einige Häuser, so der Bericht, schützten gerade ein Tausendstel ihrer Kunstwerke elektronisch. Ob sich die Lage verbessert hat, ist nicht bekannt: Die Museen äußern sich nicht zu den Details ihrer Sicherheitssysteme – mit teils erstaunlichen Begründungen. Das Centre Pompidou etwa bescheidet auf Anfrage, das Thema sei „zu sperrig". Begeisterung für neue Sicherheitstechnik hört sich anders an.

**PARIS BLEIBT ALS FILMKULISSE BEGEHRT**, jedes Jahr melden sich etwa 800 Drehteams an. Da sie sich meist häuslich einrichten – größere Produktionen bauen sogar eine eigene Kantine auf –, macht das im Schnitt zehn Dreharbeiten pro Tag. Demnächst stehen wieder einige potenzielle Blockbuster an: Robert Downey jr. soll im zweiten Teil der jüngsten Sherlock-Holmes-Reihe in Paris ermitteln. Außerdem versuchen städtische Beamte, James Bond nach Versailles zu locken. Um die Produzenten vom Drehort zu überzeugen, haben die fleißigen Werber bereits ein Skript für die Verfolgungsjagd durch das Schloss geschrieben.

Woody Allen dreht demnächst „Midnight in Paris", eine Geschichte über ein Paar, das während einer Paris-Reise den eigenen Lebensentwurf infrage stellt. Allen würde gern mit einer ausgewiesenen Expertin für kuriose Lebensentwürfe arbeiten: Carla Bruni. Sollte die *première dame* wegen politischer Krisen ausfallen, ist mit der jüngeren Marion Cotillard aber auch eine richtige Schauspielerin im Gespräch.

## ZUKUNFT

### RADELN MIT DEM GRÜNEN KHMER

Im Umweltschutz ist Paris Mittelmaß unter den Metropolen. Jetzt will Bürgermeister Delanoë zur Weltspitze aufschließen. Und holt einen Mann ins Rathaus, der sich als Autofahrerschreck hervorgetan hat

**DIE SCHÖNSTE STADT DES UNIVERSUMS**, Weltkapitale für Tourismus, Mode und Kultur, die elegantesten Frauen, die besten Restaurants, das dichteste U-Bahn-Netz – unter Superlativen macht man es ungern an der Seine. Ausgerechnet im Fach der Zukunft aber ist die Superstreberin unter den Metropolen nur Mittelmaß: beim Umweltschutz. Als gruseligstes Beispiel der Vergangenheit gilt die Schnellstraße am rechten Seine-Ufer, die Georges Pompidou in den 1960er Jahren quer durch Paris fräsen ließ. Wer dort heute den romantischen Spaziergang wagt, den eskortiert der Nonstop-Donner des Transitverkehrs. In Umwelt-Rankings schneidet die Stadt traditionell mäßig ab, der European Green City Index (EGCI) des „Economist" beispielsweise sieht Paris aktuell abgeschlagen auf Platz zehn. Der Verkehr chaotisch, die Straßen verstopft, nur 2,3 Prozent der verbrauchten Energie stammen aus erneuerbaren Quellen – in Oslo sind es fast zwei Drittel. Hinter Paris liegen laut EGCI zwar noch 20 weitere Städte, außer London und Madrid sind dies aber hauptsächlich osteuropäische Metropolen, die beim Umweltschutz ohnehin stark nachzuholen haben.

Kein Wunder also, dass Bertrand Delanoë, Bürgermeister von Paris, reagieren muss. Er hat sich einen Nachhilfelehrer ins Hôtel de Ville bestellt: den Grünen Denis Baupin, den er zum Stadtrat für nachhaltige Entwicklung, Umwelt und Klimaschutz ernannte. Der heute 48-Jährige hatte zuvor mit den Vélib-Leihrädern (siehe Seite 35) den Parisern das Fahrradfahren beigebracht und im hauptstädtischen Verkehrswesen den Grünstift angesetzt. Neue Tramlinien am Stadtrand und in der Banlieue ließ er bauen, aber auch Tempo 30 in Hunderten Straßen einführen; Pariser Freistilfahrern Grund genug, Baupin ob seines beherzten Durchgreifens als „grünen Khmer" zu bezeichnen. Nun geben Delanoë und Baupin Gas – indem sie die Gasfüße verbannen. Der entstellenden Narbe entlang der Seine (auf der Voie Pompidou dröhnen täglich 40 000 Autos durch Paris) steht eine Schönheits-OP bevor. Dabei geht es nicht um temporäre Kosmetik: Die steinernen Quais sommers mit Sand zu schminken, ist am künstlichen Strand „Paris Plage" (siehe Seite 30) bereits üblich. Die Aufhübschung der Uferstraßen soll vielmehr von Dauer sein. Bis 2012 will die Stadt Bäume pflanzen, die Promenade zugunsten der Flaneure verbreitern und den Verkehr mit Ampeln entschärfen. Das andere Seine-Ufer soll künftig ganz den Fußgängern gehören. Konkrete Entwürfe für die Umgestaltung zeigte der Bürgermeister bereits: Vor dem Musée d'Orsay etwa könnte bald eine Freilichtbühne auf der Seine schwimmen, die Zuschauerränge würden sich frei schwebend zwischen Ufer und dem Vorplatz des Museums spannen. Auf Höhe des Invalidendoms will die Stadt Autoschlangen durch Volleyball- und Basketballfelder ersetzen. Davor, auf dem Wasser: schwimmende Palmengärten. Eines aber trauen sich selbst Delanoë und sein grüner Khmer nicht: Pendler und Pariser Autofahrer zur Kasse zu bitten. Eine Citymaut wie in London oder Mailand schließt die Stadtregierung definitiv aus. Statt Abgaben einzutreiben, nimmt Baupin sogar noch frisches Geld in die Hand. Für zwei Millionen Euro will er ein Viertel der 220 000 Pariser Sozialwohnungen renovieren lassen – mit sparsameren Heizungen und besserer Isolation. Zusätzliche 260 Kilometer Radwege sollen bis 2014 durch Paris führen. Und auch im Kleinen will Baupin zu mehr Umweltbewusstsein erziehen: Mit der Abhängigkeit vom Atomstrom – Frankreich deckt seinen Energiehunger zu 80 Prozent aus Kernkraft – wollen sich die Pariser nicht abfinden. Vorsichtig tasten sie sich an eine bislang ungenutzte Technik heran: Über den Dächern von Belleville drehen sich seit Mai 2010 zwei Windräder, jedes produziert angeblich Strom für sechs Haushalte. Außerdem kompostieren derzeit die Bewohner von 25 Gebäuden probeweise ihren Biomüll. Bleibt abzuwarten, ob sich auch die Bourgeoises des vornehmen 16. Arrondissement dazu bringen lassen, im kleinen Schwarzen zum Komposthaufen zu stöckeln, oder ob den Parisern das grüne Ganze nicht irgendwann stinkt. ∎ *Sebastian Kretz*

**Grüne Inseln, Sportplätze:** So soll die Seine demnächst aussehen

**GEO-Aktion: pro Teilnehmer ein Baum für den Regenwald!**

**Ihr Anruf zählt!**

**GEO SCHÜTZT DEN REGENWALD e.V.**

# Jetzt gratis anrufen: Pro Teilnehmer spendet GEO einen Baum!

Rufen Sie jetzt kostenlos an:

## 0800/5 92 92 96

Oder nehmen Sie online teil: www.geo.de/baumspende

### GEO-Aktion: Baumspende für den Regenwald in Ecuador!

**Sie rufen an, wir spenden!**
Sie rufen gratis bei uns an und wir spenden in Ihrem Namen einen Baum für das Wassereinzugsgebiet von El Paraíso in der Region Intag in Ecuador.

**Lebenswichtig: sauberes Trinkwasser!**
Abholzung und Brandrodung lassen sauberes Trinkwasser knapp werden. Durch Aufforstung will der Verein „GEO schützt den Regenwald e.V." die Versorgung der Menschen in Intag mit sauberem Trinkwasser sicherstellen. Um das zu erreichen, werden in Zusammenarbeit mit einer örtlichen Baumschule Baumsetzlinge gezogen und ausgepflanzt. Die örtliche Bevölkerung beteiligt sich aktiv an der Auspflanzung und Pflege der Setzlinge.

Mo.–Fr. von 9:00–20:00 Uhr, Sa. von 10:00–15:00 Uhr.
Weitere Projektinformationen und Angebote erhalten Sie auf Wunsch gerne am Telefon.

Rosenzweig & Schwarz, Hamburg

AUGUST 2010

# service

**Die wichtigsten Tipps**

PARIS

| | |
|---|---|
| ▶ **ORIENTIERUNG** | S. 127 |
| Herumkommen und hineinkommen | |
| ▶ **SIEBEN PERFEKTE TAGE** | S. 128 |
| Eine Pariserin führt durch ihre Stadt | |
| ▶ **KARTE** | S. 142 |
| Paris im Überblick | |

## ORIENTIERUNG

Eine Autofahrerstadt ist Paris schon lange nicht mehr. Nehmen Sie die Metro oder ein Leihfahrrad. Oder lassen Sie sich von echten Parisern durch ihre Viertel führen

### HERUMKOMMEN

Die Pariser nutzen die **Metro**, die ihnen eines der dichtesten Netze weltweit bietet, täglich von 5.20 bis 1.20 Uhr; Fr, Sa und an Feiertagen sogar bis 2.20 Uhr, danach Nachtbus **Noctilien**. Am besten gleich ein **Carnet** an den Fahrkartenautomaten der Stationen kaufen: zehn Tickets für 12 €, die auch in den RERs und den Pariser Bussen Gültigkeit haben. Beispielsweise in der **Linie 72**, die Sie auf touristisch höchst reizvoller Route vom Hôtel de Ville entlang der Seine gen Westen bringt. Vorbei an Pont Neuf, Louvre, Grand Palais und weiteren Sehenswürdigkeiten, deren Anblick Sie an Bord einer regulären Rundfahrt meist teuer bezahlen. Wenn Sie häufiger fahren möchten: **Ticket Paris Visite** für unbegrenzt viele Fahrten an ein bis fünf aufeinanderfolgenden Tagen, 9 bis 28,90 €. Oder ein **Pass Navigo Découverte** für 5 €, Passfoto nicht vergessen, mit dem eine Woche Mobilität im Innenstadtgebiet 16,80 € kostet. Ebenfalls zu empfehlen: Es gibt ein relativ gut funktionierendes System von Leihfahrrädern: **Vélib,** www.velib.paris.fr (siehe Seite 35).

### HINEINKOMMEN

#### PARIS PAR RUES MÉCONNUES

Tel. 0033-1/42 79 81 71, www.paris-prm.com, Führung ab 20 €, mit Essen ab 60 €
Wer mindestens zwei Wochen im Voraus reserviert, kann mit **Angénic Agnero**, angenic@paris-prm.com, die wenig touristischen Ecken von Paris entdecken. Etwa Belleville im Osten, aber auch Barbès und Château Rouge im 18. Arrondissement. Angénic Agnero arbeitet mit den Menschen eines Quartiers zusammen, mit dessen Händlern und Künstlern zum Beispiel, was jeden der Streifzüge mit besonderen Einblicken würzt. Und auch in ihre Häuser laden die Bewohner, 20 bis 100 € kostet die Nacht in ihren Frühstückspensionen.

#### PARISIEN D'UN JOUR

www.parisiendunjour.fr, Anmeldung über die Website. Kostenlos, Spenden willkommen
Sie sind keine professionellen Stadtführer, gehören zum weltweiten Netzwerk der „Global Greeter": einer Organisation von Freiwilligen, die Gästen ihre Stadt näherbringen möchten. Und ganz auf Ihre Wünsche eingehen: Wo möchten Sie starten? Welches Thema darf es sein? Die Eckpunkte des geplanten zwei- bis dreistündigen Spaziergangs für bis zu sechs Personen lassen sich auf der Internetseite abstecken.

#### 4 ROUES SOUS UN PARAPLUIE

Tel. 0800/80 06 31, www.4rouessous-1parapluie.com, ab 54 € p. P. für 1,5 Stunden
Wenn das Hotel zentrumsnah liegt, holt Sie der Fahrer direkt vor der Tür ab (sonst an den Treppenstufen der Opéra Garnier, Metro Opéra). Das aber ist noch nicht das Beste, denn Ihr privater Chauffeur bittet Sie, in einer Ente mit offenem Verdeck Platz zu nehmen, dem französischsten aller Autos. Und Sie dürfen frei entscheiden, wo es hingehen soll. Es sei denn, Ihnen sagt bereits eine der Themenfahrten zu, etwa zu den Champs-Élysées inklusive Abstecher zum sechsspurigen Kreisverkehr am Triumphbogen.

#### PHOTO TOURS IN PARIS

Tel. 0033-6/40 14 84 49, www.phototoursinparis.com, ca. 120 € für drei Stunden
Es ist fast zwei Jahre her, dass der Fotograf Randy Harris schweren Herzens Seattle verlassen hat, um seiner Frau nach Paris zu folgen. Heute bietet er in seiner neuen Heimat Spaziergänge für Fotointeressierte an. Zeigt Motive zwischen Louvre und Trocadero, erklärt Belichtungszeiten, verrät Profi-Kniffe – mittlerweile fast jeden Tag „bis auf Weihnachten", wie er sagt. Eine Woche im Voraus anmelden.

Hier könnte auch der Pariser Oberbürgermeister von Amtslimousine auf Leihrad umsteigen: die Vélib-Station am Hôtel de Ville

## RUND UM DEN LOUVRE

**Geheime Gärten, Haute Couture, zeitgenössische Kunst: Im 1. Arrondissement gibt es mehr zu entdecken als die Schätze des Louvre**

→ Pont des Arts – Cour Carrée et Pyramide du Louvre – Jardin des Tuileries – Place du Marché Saint-Honoré – Jardin du Palais Royal – Place des Victoires

Es gibt Tage, an denen ähnelt der Touristenandrang vor dem größten Museum der Welt einer Rushhour in Shanghai. Sollte Ihnen in der Warteschlange die Geduld ausgehen, treten Sie doch einfach aus ihr heraus. Mona Lisa wird an anderen Tagen noch lächeln. Widmen Sie sich lieber der Entdeckung eines Viertels, das auch andere, weniger überlaufene Attraktionen zu bieten hat.

### SCHLAFEN

**❶ Hôtel du Cygne**
3 rue du Cygne, Tel. 0033-1/42 60 14 16, www.hotelducygne.fr, DZ/F 70 €
Der Weg zu den Zimmern führt über verwinkelte Stiegen in einem alten Fachwerkbau. Aber die Anstrengung lohnt. Vor allem, wenn Sie Zimmer 38 buchen: sehr ruhig zum Hof hin gelegen; Bad und Toilette außerhalb des Raumes, daher nur 70 €. Relativ preiswert auch Nummer 35: eine Mini-Suite für 150 €.

**❷ Hôtel Louvre Sainte Anne**
32 rue Sainte-Anne, Tel. 0033-1/40 20 02 35, www.louvre-ste-anne.fr, DZ/F ab 157 €
Teuer, aber immerhin: Hier wird der Gast erstklassig empfangen und betreut, auch in fließendem Englisch. Die Zimmer 51 und 52 haben eine kleine Terrasse mit Blick auf Sacré-Cœur.

**❸ Résidence Pélican**
7 rue du Pélican, Tel. 0033-1/40 26 52 12, www.residence-pelican.com, Apartment ab 160 €, mindestens zwei Nächte buchen
Wer sich in Paris wie zu Hause fühlen möchte, ist hier an der richtigen Adresse: fünf Apartments, je eines pro Etage, in einem Haus aus dem 17. Jahrhundert. Zur Wohnungsausstattung zählen Internet und Telefon, gratis für Orts- und die meisten Ferngespräche. Wer weiß, dass er zu spät in Paris eintrifft, um noch das Nötige für das nächste Frühstück zu kaufen, kann dies beim Reservieren anmerken. Dann spendiert ihm die Hausleitung auch sein erstes „petit-déjeuner à Paris".

### ESSEN UND TRINKEN

**❹ Cojean**
3 place du Louvre, Tel. 0033-1/40 13 06 80, www.cojean.fr, ca. 15 €
Fast Food im Neo-Paris: Design-Deko, smarte Bedienung, sonore Untermalung fern von Édith Piaf. Dazu eine täglich wechselnde Auswahl an Suppen, Sandwiches und kleinen originellen Gerichten. Kann man auch mitnehmen und draußen essen.

**❺ Framboise**
67 galerie Montpensier, ca. 10 €
Schmackhafte Panini (mit gegrilltem Gemüse, Tapenade, Mozzarella) und Sandwiches (Truthahn, Mango-Chutney, Currysauce). Wählen Sie dazu die hausgemachten Macarons als Dessert, und die Bänke des nahen Jardin du Palais Royal erwarten Sie für ein Picknick.

**❻ L'Absinthe**
24 place du Marché Saint-Honoré, Tel. 0033-1/49 26 90 04, www.restaurantabsinthe.com, ca. 35 €
Michel Rostang will seine Zwei-Sterne-Cuisine auch dem Volke zugänglich machen. Während er weiterhin Teures auf die Teller der Groß-Bourgeoisie im Pariser Westen zaubert, empfängt seine Tochter Caroline – zu erschwinglichen Preisen und mit Rezepten von Papa – in diesem Bistro mit Terrasse.

**❼ La Cordonnerie**
20 rue Saint-Roch, Tel. 0033-1/42 60 17 42, ca. 40 €
Chef Hugo ist hier aufgewachsen, im Restaurant seiner Eltern, was das intime Ambiente erklärt: Zwischen den Gästen im kleinen Speisesaal und Hugo in der Küche herrscht ständiger Blickkontakt. Umso besser. Man möchte gern sehen, welchem Talent man derart gelungene Variationen der klassischen französischen Küche zu verdanken hat.

### ENTDECKEN

**❽ Jeu de Paume und Musée de l'Orangerie**
Tuilerien, Ausgang zur Place de la Concorde, www.jeudepaume.org und www.musee-orangerie.fr
Die beiden Museen stehen nahe am Louvre und daher hoffnungslos in seinem Schatten. Dabei liegen hier echte Schätze: Das Jeu de Paume zeigt Ausstellungen zeitgenössischer Fotografie und Videokunst, die Orangerie dient als baulicher Rahmen für Monets gigantische Seerosen-Bilder, beherbergt aber auch Gemälde anderer impressio-

**Monets Seerosenteich ist in Giverny, eine Zugstunde westlich von Paris, zu bewundern. Oder hier: im Musée de l'Orangerie**

PERFEKTE TAGE

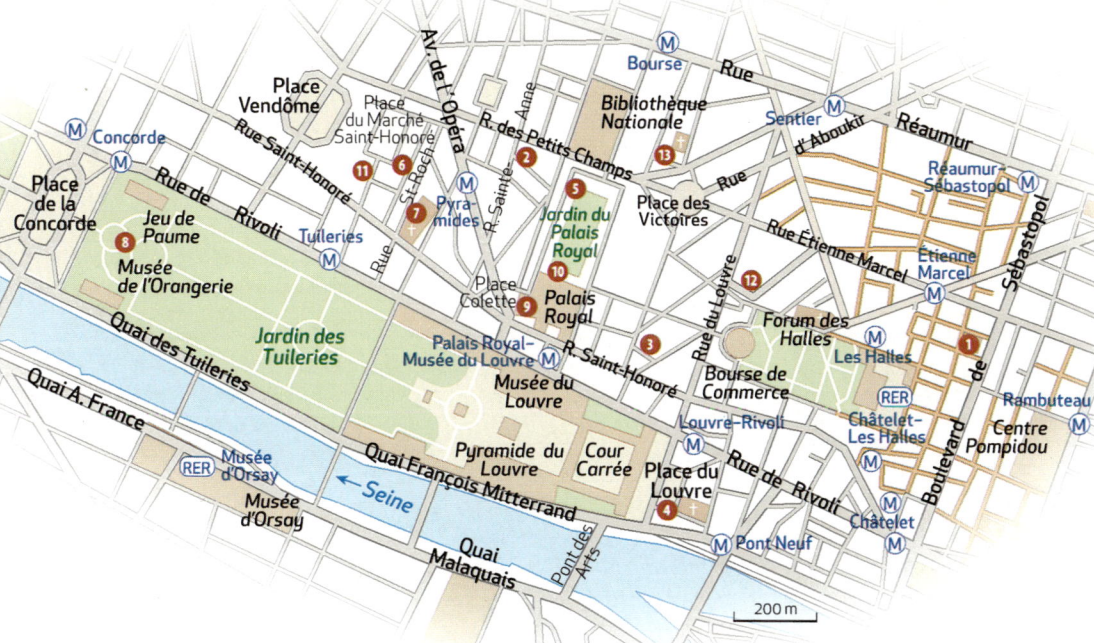

**⑫ Yannick Vincent**
*4 place des Petits Pères,
www.yannickvincent.fr*
Betreten Sie diese Boutique, und Sie tauchen ein in das Duftgemisch von mehreren Dutzend verschiedenen Orchideen. Diese sind nicht nur das Verkaufsangebot, sondern auch der ganze Stolz von Yannick Vincent, *orchidéiste* von Beruf. Wenn Sie Zeit haben, wird er Ihnen seine Leidenschaft gern im Detail erklären.

**⑬ E. Dehillerin**
*18–20 rue Coquillière,
www.e-dehillerin.fr*
Übrig geblieben aus einer Zeit, als das Viertel um die ehemaligen Markthallen noch als „Bauch von Paris" bekannt war, ist dieser Spezialist für Küchenutensilien seit 200 Jahren ein unwiderstehlicher Magnet für jeden Koch. Mithilfe solcher Accessoires ist die *grande cuisine française* weiß Gott kein Kunststück mehr.

nistischer Meister wie Cézanne, Gauguin, Renoir und späterer Genies wie Matisse und Picasso.

**⑨ Comédie Française**
*Place Colette,
Tel. 0033-1/44 58 15 15,
www.comedie-francaise.fr*
„La Maison de Molière" nennen die Pariser der Einfachheit halber dieses Theater, dessen permanentes, sehr renommiertes Schauspieler-Ensemble immer wieder die klassischen Molière-Komödien auf den Spielplan hebt, dazu aber auch Stücke von Shakespeare und Tschechow. Unser Tipp: Wenn Sie einen historischen Moment miterleben wollen, ohne sich dafür finanziell zu ruinieren, stellen Sie sich eine Stunde vor Beginn der Vorstellung an die Abendkasse, wo die letzten unverkauften Plätze für 14 € an den Kultur-Kunden gehen.

**⑩ Jardin du Palais Royal**
Dieser vom Massentourismus völlig verschonte Garten, abgeschirmt durch die Gebäude der einstigen Königsresidenz, ist eine Insel der Ruhe im Lärm von Paris. In der Frühe landen auf ihr Jogger aus der Innenstadt. Mittags kommt die Flut der Börsenhaie und Büroangestellten, die einen zum Lunch ins luxuriöse Le Grand Véfour, die anderen mit Sandwich auf die Parkbank. Und den ganzen Tag über geben sich Liebespaare der Illusion hin, sie seien auf ein Robinson-Eiland verschlagen worden. Unter den Arkaden, die den Garten umschließen, locken Tempel der Mode (Marc Jacob, Stella McCartney) und der Kosmetik (Shiseido). Wer Geld ausgeben will, wendet sich am besten an die Taiwanesin **Sophie Hong**, *3 galerie de Montpensier, www.sophiehong.com*, die ihre Lehrjahre in den Modeateliers von Dior und Chanel verbracht hat. Das Kleid der perfekten Pariserin findet die Kundin bei **La Petite Robe Noire**, *125 galerie de Valois*. Ebenfalls nicht verpassen: die Spieluhren im Angebot von **Boîtes à Musique d'Anna Joliet**, *9 rue du Beaujolais, www.boitesa musiqueannajoliet.com*.

### EINKAUFEN

**⑪ Dalia and Rose**
*9 rue du Marché Saint-Honoré,
www.daliaandrose.fr*
Wenige Schritt vom (allzu) bekannten Concept Store Colette entfernt, werben Dalia und Rose mit „ethischer Mode": Kleider, Schuhe, Accessoires, die eine künstlerische Verfeinerung solider handwerklicher Arbeit sind. Wie der Schmuck der jungen Pariser Designerin Aude Durou, die mit Silberschmieden vom Volk der Tuareg in der Südsahara zusammenarbeitet.

**Komplettes Instrumentarium für Meisterköche: E. Dehillerin, der Spezialist für Küchenutensilien in Paris**

## SAINT-GERMAIN

**Unkomplizierte Restaurants, charmante Hotels und die Schnäppchenapotheke der Hauptstadt – Saint-Germain bleibt auch ohne Sartre und Beauvoir interessant**

Anders als im Film sind nicht mordende Mönche in der Église Saint-Sulpice die Hauptattraktion. Sondern die Fresken von Delacroix

→ Jardin du Luxembourg – Palais du Luxembourg – Église Saint-Sulpice – Église Saint-Germain – Quartier de l'École des Beaux-Arts – Pont des Arts

Ende der 1990er Jahre ließen sich Giorgio Armani, Christian Dior und Louis Vuitton an der Place Saint-Germain-des-Prés nieder – und die Medien liefen Sturm: Würde der Kommerz den künstlerischen Esprit Sartres und Simone de Beauvoirs aus dem Viertel verdrängen? Das Gegenteil war der Fall: Armani wurde zum Mäzen, förderte die Restaurierung des Kirchturms von Saint-Germain, und andere Modeschöpfer taten es ihm im Fördern der Künste gleich. Es gibt im Viertel also viel zu entdecken.

### SCHLAFEN

**❶ Hôtel du Dragon**
36 rue du Dragon, Tel. 0033-1/45 48 51 05, www.hoteldu dragon.com, DZ/F ab 137 €
Das Hotel ist seit fünf Generationen in Familienbesitz. Vielleicht kommt daher sein besonders heimeliger Charme. An schönen Tagen wird das Frühstück draußen serviert.

**❷ Hôtel Fontaines du Luxembourg**
4 rue de Vaugirard, Tel. 0033-1/43 25 35 90, www.hotel-luxem bourg.com, DZ/F ab 164 €
Gemütliche und nicht zu kleine Zimmer. Von den beiden im Erdgeschoss blickt man auf einen hübschen Innenhof.

**❸ Hôtel des Grands Hommes**
17 place du Panthéon, Tel. 0033-1/46 34 19 60, www.hoteldesgrands hommes.com, DZ/F ab 296 €
Zugegeben, das Grands Hommes ist nicht ganz billig – dafür umso schöner, besonders der Blick aufs Panthéon von den Zimmern in den oberen Stockwerken. Und das Frühstück gehört zum Besten, was Paris zu bieten hat. Wer rechtzeitig online reserviert, findet mit Glück ein Zimmer für 100 € pro Nacht.

### ESSEN UND TRINKEN

**❹ Le Mauzac**
7 rue de l'Abbé de l'Épée, Tel. 0033-1/46 33 75 22, www.lemauzac.net, ca. 35 €
Diese Weinbar hat mehr als 60 Weine im Angebot, darunter auch Tropfen aus Bio-Produktion. Die Speisekarte ist übersichtlich, aber erlesen: Hausgemachte Foie gras und ausgewählte Käsesorten gehören dazu. Die Terrassentische unter den Kastanien sind bei gutem Wetter sehr beliebt, besser reservieren.

**❺ Le Comptoir du Relais**
9 carrefour de l'Odéon, Tel. 0033-1/44 27 07 97, ca. 35 €
Yves Camdeborde ist einer der begabtesten Pariser Köche. Zum Mittagessen bietet er seinen Gästen eine erfinderische Küche mit mediterranen und orientalischen Einflüssen, abends das Fünf-Gänge-Menü für 50 €. Wer nicht darauf setzen will, dass in letzter Minute ein Gast absagt, sollte fünf Monate im Voraus reservieren.

**❻ Cuisine de Bar**
8 rue du Cherche Midi, Tel. 0033-1/45 48 45 69, ca. 15 €
Der ideale Platz für ein Mittagessen zwischen Jardin du Luxembourg und dem Quartier Saint-Germain. Für 12,50 € sind göttliche Salate oder belegte Brote zu erstehen, dazu ein guter Kaffee.

**❼ Alcazar**
62 rue Mazarine, Tel. 0033-1/53 10 19 99, www.alcazar.fr, Mittagsmenü ab 20 €, abends ab 40 €
Ende der 1990er Jahre wurde aus dem ehemaligen Nachtklub ein Restaurant mit Bar. Gleich am Eingang stellen die benachbarten Galerien ihre Werke aus, jeden Montag begleiten Opernsänger und Pianisten das Diner mit Verdi, Mozart oder Offenbach.

### ENTDECKEN

**❽ Théâtre de l'Odéon**
Place de l'Odéon, Tel. 0033-1/44 85 40 40, www.theatre-odeon.eu, 10–32 €
Das Odéon versteht sich als europäisches Theater, die klassischen und zeitgenössischen Stücke im Repertoire werden daher in Originalsprache aufgeführt – mit französischen Übertiteln. In der laufenden Saison steht unter anderem Thomas Ostermeiers Berliner Schaubühnen-Inszenierung „Dämonen" auf dem Spielplan, natürlich auf Deutsch.

**❾ Église Saint-Sulpice**
2 rue Palatine
Die Kirche, Schauplatz von Dan Browns „The Da Vinci Code", hat sich seit dem weltweiten Erfolg des Mystik-Thrillers zu einem Touristenmagneten entwickelt. Dabei hatte Saint-Sulpice schon immer große Vorzüge: die Fresken von Delacroix oder die mächtige Orgel – eine der

# PERFEKTE TAGE

größten Europas. Abends gibt es regelmäßig klassische Konzerte in der Kirche (ab 20 €).

### ⑩ Magnum Gallery
*13 rue de l'Abbaye, www.magnumgallery.fr*
Zu Füßen der Kirche Saint-Germain liegt diese 2009 eröffnete Galerie, die Fotos der Agentur Magnum zeigt. In Schachteln mit Abzügen ihrer berühmtesten Fotografen darf man selbst stöbern – aber nur mit Handschuhen. Ein Muss, nicht nur für Foto-Freunde. Auch die Galerien rund um die École des Beaux-Arts sind beachtlich, in denen seit einigen Jahren Zeitgenössisches seinen Platz gefunden hat: etwa ⑪ **Aline Vidal**, *70 rue Bonaparte, Tel. 0033-1/43 26 08 68, www.alinevidal.com*, die ihre Künstler regelmäßig dazu einlädt, für eine Weile im Haus zu wohnen und zu arbeiten. Und damit Kunst nicht nur an den Wänden der Galeristen hängt, wurde vor zehn Jahren der Parcours Saint-Germain erfunden: Seither zeigen um die 30 Künstler immer im Juni ihre unveröffentlichten Werke in den Schaufenstern der Luxusboutiquen des Viertels oder in den Cafés Flore und Deux Magots.

## EINKAUFEN

### ⑫ Le Flâneur des deux rives
*60 rue Monsieur le Prince, www.leflaneurdes2rives.com*
Ein Schriftsteller, ein Verleger und ein Buchhändler wollen gemeinsam das literarische Leben zurück ins Quartier Latin holen: mit einem gelungenen Mix aus Galerie und Buchhandlung, in der sich Werke aus kleinen Verlagen oder seltene Bücher finden. Man blättert und ist plötzlich Teil des künstlerischen Lebens.

### ⑬ Patrick Roger
*108 boulevard Saint-Germain, www.patrickroger.com*
Dieser Chocolatier lernte sein Handwerk in Monaco und der Schweiz, bevor er es schließlich in Paris zu Ruhm brachte: Er durfte einige seiner Kreationen – zuerst in Schokolade, dann in Bronze gegossen – im Grand Palais ausstellen.

### ⑭ City Pharma
*26 rue du Four*
Samstags sind die Verkäuferinnen hier etwas überfordert, dann drängeln sich nämlich die Pariserinnen in den engen Gängen der Apotheke, um Schönheitscremes und Drogerieprodukte zum Schnäppchenpreis zu kaufen – die gibt es sonst nirgends so billig. Also lieber einen Einkaufszettel schreiben, damit Sie den Apothekerinnen nicht noch mehr Arbeit machen.

### ⑮ Jüli
*20 rue d'Assas, www.juli.fr*
Die Wände dieser hübschen Boutique schmücken Fotos der Kundinnen – in Kleidern, die sie hier gekauft haben. Julie führt Mode und Accessoires französischer, dänischer, zyprischer oder türkischer Designer. Einige Exemplare sind handgefertigt und kommen in niedriger Stückzahl direkt aus den Ateliers.

Auf der Suche nach Geschenken für Freunde und sich selbst? Abwarten und Tee kaufen: bei Kusmi Tea in der Rue de Seine

### ⑯ Jean-Charles Rochoux
*16 rue d'Assas, www.jcrochoux.fr*
Jeden Samstag füllt sich die Auslage dieses Chocolatiers mit Schätzen von vergänglicher Schönheit, höchstens haltbar bis übermorgen – frische Früchte, die er am Vortag auf den Märkten des Viertels kauft und mit Schokolade überzieht.

### ⑰ Kusmi Tea
*56 rue de Seine, www.kusmitea.fr*
„Très à la mode!" Dieses Teehaus, vor 140 Jahren in St. Petersburg gegründet, hat mehr als 120 Tees im Angebot, darunter eine große Auswahl an Wohlfühl-Aufgüssen. Für 2011 ist ein Salon im ersten Stock geplant. Zur Teeverkostung werden dann kleine Gerichte gereicht.

### ⑱ Tomat's
*12 rue Jacob, www.tomats.fr*
Dieses Lädchen am Ende eines hübschen Innenhofs bietet eine Auswahl an kulinarischen Spezialitäten aus ganz Frankreich: Espelette-Pfeffer aus dem Baskenland, Honig aus dem Burgund oder Gewürzfläschchen samt passenden Rezepten, und das alles zu bezahlbaren Preisen.

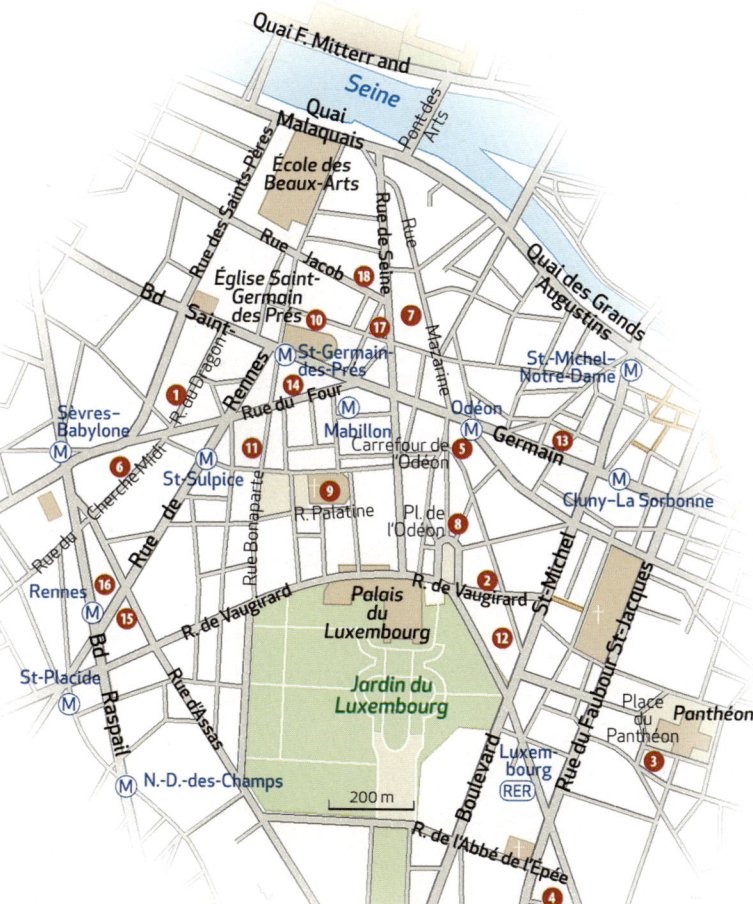

## LE MARAIS

Vom Juden- zum Schwulen- zum Modeviertel: Le Marais will einfach nicht aufhören, sich zu wandeln. Eines aber hat Bestand: Hier gibt es die besten Falafeln der Stadt

→ Centre Georges Pompidou – Musée d'Art et d'Histoire du Judaïsme – Musée Picasso – Musée Carnavalet – Rue des Rosiers – Place des Vosges

Bis vor Kurzem war die Geschichte des Marais eine Geschichte der Minderheiten: Zunächst traditionelles Quartier jüdischer Einwanderer, entwickelte es sich in den 1980er Jahren zum Zentrum der Pariser Schwulenszene. Seit einigen Jahren aber ist es das In-Viertel schlechthin und übt magische Wirkung auf die Modewelt aus: Boutiquen-Betreiber reißen sich um die begehrten Ladenflächen zwischen Rue des Rosiers und Rue des Francs Bourgeois. Manchen ist das Marais daher schon wieder zu überlaufen: Viele Designer, Stylisten und Künstler zieht es neuerdings eher ins geruhsamere und touristenarme „Haut Marais".

### SCHLAFEN

**❶ Hôtel de Nice**
*42 bis rue de Rivoli, Tel. 0033-1/42 78 55 29, www.hoteldenice.com, DZ/F 128 €*
Der Eingang an der Rue de Rivoli verrät nicht, welches Kleinod sich auf der ersten Etage verbirgt. Dort liegt die Rezeption und damit der Eingang zu einem familiären, geschmackvoll eingerichteten Hotel. Wie in allen Haussmann'schen Gebäuden ziehen sich Balkone entlang der zweiten und fünften Etage – glücklich, wer dort ein Zimmer ergattert und auf die Place du Bourg Tibourg hinunterschauen kann. Und: Das Familienzimmer im obersten Stock bietet nicht nur Platz für vier Personen, sondern auch einen Blick über die Dächer.

**❷ Hôtel de la Bretonnerie**
*22 rue Sainte-Croix de la Bretonnerie, Tel. 0033-1/48 87 77 63, www.bretonnerie.com, DZ/F ab 145 €*
Kein zur Schau gestellter Luxus, sondern der Charme eines alten Pariser Bürgerhauses: Sichtbalken, Kellergewölbe, Mansardenzimmer. Allerdings sind die Zimmer nicht klimatisiert, denn aufwendige Arbeiten an denkmalgeschützten Häusern sind in Paris kaum durchsetzbar.

**❸ Hôtel du Petit Moulin**
*29–31 rue de Poitou, Tel. 0033-1/42 74 10 10, www.paris-hotel-petitmoulin.com, DZ ab 190 €*
Aus der ehemaligen Boulangerie, angeblich der ältesten der Stadt, haben die Besitzer ein charmantes Hotel gemacht. Verantwortlich für die Einrichtung: Modeschöpfer Christian Lacroix, der dem alten Tresen, der Fassade, den Spiegeln eine opulent-farbenfrohe Note verliehen hat. Keines der 17 Zimmer gleicht dem anderen. Wirken einige meditativ, sind andere modern oder barock. Überlegen Sie also bei der Buchung, in welcher Stimmung Sie sind.

### ESSEN UND TRINKEN

**❹ Queen Ann**
*5 rue Simon le Franc, Tel. 0033-1/42 78 00 07, ca. 15 €, Brunch So 12–16 Uhr, 18 €*
Ein versteckter Teesalon in einem Gässchen nahe Centre Pompidou, der mit Torten und Mittagstisch aufwartet, vor allem aber mit einer hervorragenden heißen Schokolade. Manche behaupten, sie sei nicht nur besser als jene von Angelina (siehe Seite 112), sondern auch mit mehr Charme serviert.

**❺ Glou**
*101 rue Vieille du Temple, Tel. 0033-1/42 74 44 32, www.glou-resto.com, Mittagsmenü 15 €, abends ca. 40 €*
Während Sie auf die Wiedereröffnung des Musée Picasso warten – ein Datum steht immer noch nicht fest –, besuchen Sie doch dieses Restaurant mit seiner bemerkenswerten Weinkarte. Die Preise sind unschlagbar, den Wein können Sie flaschenweise kaufen und mit nach Hause nehmen. Von den Fensterplätzen im ersten Stock: prächtiger Blick auf den Garten des Hôtel Thorigny.

**❻ Claude Colliot**
*40 rue des Blancs Manteaux, Tel. 0033-1/42 71 55 45, Mittagsmenü ab 27 €, abends 54 €*
Der Koch und Namensgeber des Restaurants bereiste zwei Jahre lang die Welt, bevor er seine Küche in einer ruhigen Straße des Marais eröffnete. Die Gerichte auf der überschaubaren Karte verbinden die verschiedensten Aromen mit saisonaler Küche. Besonders empfehlenswert: die schlichtweg köstlichen Desserts.

**❼ Le 3**
*3 rue Sainte-Croix de la Bretonnerie, Tel. 0033-1/42 74 71 52, www.letrois.com, Mittagsmenü ab 15 €, abends ab 26 €*
Schwer genug, im Strom der Touristen ein gemütliches Lokal zu

**Wo kein Zimmer dem anderen gleicht: Design-Hotel Le Petit Moulin in der Rue de Poitou**

# PERFEKTE TAGE

Dass er seine Delikatessen im Erdgeschoss vertreibt, hat nichts zu sagen. Strudel und Yiddish Sandwiches von Sacha Finkelsztajn im ältesten Judenviertel der Stadt sind Hochgenüsse

finden – das „3" liegt am Ende eines gepflasterten Innenhofs und erfüllt sämtliche Wünsche: schöne Lage, ruhige Terrasse, aber vor allem gute französische Küche mit mediterranen Einflüssen – zu bezahlbaren Preisen.

### ❽ L'As du Falafel
*34 rue des Rosiers, Tel. 0033-1/ 48 87 63 60, 5 €*
Bevor es das meistbesuchte Falafelrestaurant der Rue des Rosiers wurde, war L'As du Falafel eine koschere Épicerie wie jede andere. Dann war das Viertel en vogue, und die Regale mit den Konservendosen wichen Restauranttischen. Lassen Sie sich nicht von den jungen Männern bezirzen, die Ihnen auf der Straße noch köstlichere Speisen versprechen: Sie sind bereits am Ziel, die besten Falafeln der Stadt gibt es nur hier. Einpacken lassen und in einem der kleinen Parks um die Ecke essen, zum Beispiel im **Square Langlois**, *6 rue des Blancs Manteaux*.

## ENTDECKEN

Tragen Sie feste Schuhe, um im Viertel spazieren zu gehen – das Kopfsteinpflaster des Marais verträgt sich nicht besonders mit hohen Absätzen.

### ❾ Les Jardins du Marais
Keine Frage, der berühmteste Park des Viertels liegt mitten auf der **Place des Vosges**, aber wer sich treiben lässt, hier eine Tür öffnet, dort in ein Gässchen lugt, stößt auch anderswo auf bezaubernde Gärtchen. Der verborgenste von allen ist gewiss der ❿ **Jardin des Rosiers**, *35–37 rue des Francs Bourgeois*, den man nur durch die Maison de l'Europe erreicht. Früher oder später wird man ihn wohl von der Rue des Rosiers zugänglich machen – sehen Sie ihn sich also an, bevor es zu spät ist! Ein Stück weiter Richtung Place des Vosges liegt der kleine Garten der ⓫ **Bibliothèque Historique de la Ville de Paris**, *25 rue des Francs Bourgeois*. Längst nicht so gut versteckt, wird er von den Passanten doch links liegen gelassen. Zu Unrecht! Die Wiese darf betreten werden, man teilt sich den Platz dann mit einer Installation aus Solarlampen, die abends den Boden farbig beleuchten. Bleibt noch das ⓬ **Musée Carnavalet** – Eintritt frei – mit seinem hübschen französischen Garten: *23 rue de Sévigné*.

## EINKAUFEN

### ⓭ L'Habilleur
*44 rue de Poitou*
Das nüchterne Schaufenster und die schicke Einrichtung dieser Boutique lassen nicht erahnen, dass man hier die besten Schnäppchen des Viertels macht: Designermode zu ohnehin kleinen Preisen, die während des Schlussverkaufs in unerreichte Tiefen fallen.

### ⓮ Les Canotiers du Marais
*11 rue Sainte-Croix de la Bretonnerie, www.canotiersdumarais.fr*

Dieser kleine, etwas altmodische Laden inmitten der Bars und Restaurants des Marais gelegen, führt Hüte, die es bereits zu einiger Berühmtheit gebracht haben: Renoir, Coco Chanel oder Maurice Chevalier trugen einst die gleichen Modelle, und natürlich finden sich hier auch die großen Klassiker unter den Kopfbedeckungen: Panama, Schapka, Baskenmütze.

### ⓯ Sacha Finkelsztajn
*27 rue des Rosiers, www.finkelsztajn.com*
Diese Bäckerei bietet Spezialitäten aus der Küche der aschkenasischen Juden an, beispielsweise besonders leckere Strudel oder Käsekuchen, und ist seit vier Generationen in Familienbesitz. Zwischen den Boutiquen und Falafelstuben ist sie der Ruhepol.

### ⓰ Le Spa Paris
*66 rue Saint-Antoine, Tel. 0033-1/ 42 78 25 83, www.lespa-paris.com*
Nach einem Tag auf dem Kopfsteinpflaster des Marais werden ihre müden Glieder Erholung brauchen – bei Lionel Lainé, ehemals Bankier und Florist, heute Experte für Wellness und autogenes Training, einkehren! Nach einer Massage und einer Schwitzkur im hauseigenen Hamam dürften Sie wieder in Form sein: für die Seine-Inseln. →

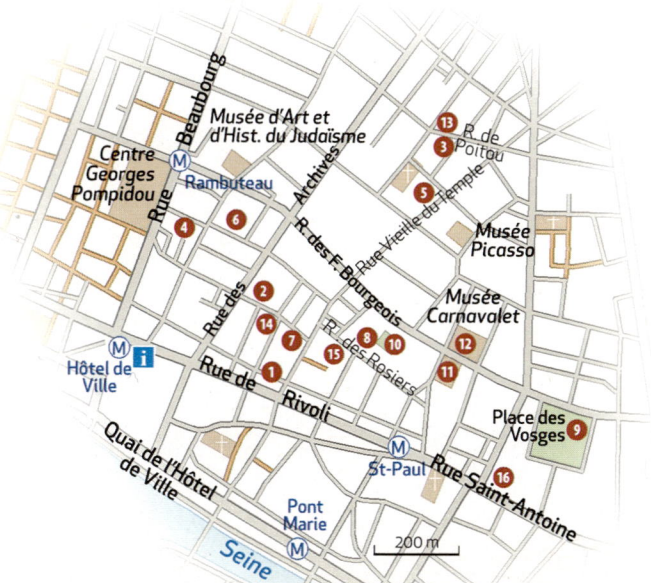

# service

## INSELN UND UFER
Warum Sie im historischen Kern der Hauptstadt am besten Italienisch essen und wie Sie französische Lebensart doch noch hautnah miterleben

Sie mag schwanken, aber sie geht nicht unter, verspricht die Stadtdevise. Zum Beweis: der beschwerte Bug der Île de la Cité

→ Place des Vosges – Village Saint-Paul – Île Saint-Louis – Institut du Monde Arabe – Notre-Dame – Place Dauphine

Der alte Kern der Stadt. Wo Verliebte am Seine-Ufer Händchen halten, verzückt dem „La Vie en Rose" der Akkordeonspieler lauschen und abends die Pracht der von Seine-Schiffen angestrahlten Fassaden anhimmeln. Das „ewige Paris" also, das sich aber auch verändert hat.

### SCHLAFEN

**❶ Hôtel Henri IV**
*25 place Dauphine,
Tel. 0033-1/43 54 44 53,
www.henri4hotel.fr, DZ/F ab 75 €*
Sie bestehen auf Room-Service, Wifi, Plasma-TV? Dann lesen Sie nicht weiter! Suchen Sie hingegen das charmanteste Hotel am malerischsten Platz von Paris, liegen Sie hier richtig. Alle Zimmer mit Blick auf die Place Dauphine, jene im obersten Stock haben sogar einen Balkon mit ein bisschen Aussicht auf Notre-Dame. Und die renovierten Doppelzimmer (etwa Nummer 4) stellen neue Rekorde im Pariser Preis-Qualitäts-Verhältnis auf.

**❷ Chambre d'hôtes Rivoli**
*35 rue François Miron, Tel. 0033-6/19 91 58 28, http://chambrerivoli.parisathome.fr, DZ/F 90 €*
Bei Joël und Nicolas muss man mindestens zwei Nächte buchen – und wünscht, es wären mehr. Herrliche Lage zwischen Marais und Île Saint-Louis. Gäste und Hausherren teilen Wohnzimmer, Esszimmer, Bad. Es gibt nur ein sehr geschmackvoll eingerichtetes Gästezimmer. Früh reservieren! Joël et Nicolas vermieten auch Wohnungen im Bastille-Viertel.

**❸ Hôtel du Lys**
*23 rue Serpente, Tel. 0033-1/43 26 97 57, www.hoteldulys.com, DZ/F 120 €*
In einem Sträßchen nahe der Île de la Cité lockt dieses Familienhotel mit Charme aus dem 17. Jahrhundert: hohe Zimmerdecken im Fachwerkstil, Wandteppiche, Stofftapeten, alte Möbel, kein Aufzug. Zu den beiden Zimmern im obersten Stock gehört eine blumengeschmückte Terrasse.

### ESSEN UND TRINKEN

**❹ Le Framboisy**
*16 rue Charlemagne, Tel. 0033-1/42 72 14 16, www.leframboisy.com, Mittagsmenü 12,90 €, abends ca. 30 €*
Altes Bistro-Flair, ausgerichtet auf die Bedürfnisse der Moderne: morgens Café, mittags Bistro, nachmittags Bar-à-Vins, abends Restaurant. Bei schönem Wetter wird die französische Küche – mit exotischen Einfällen angereichert – auch auf der Terrasse serviert. Manchmal Jazz-Diners oder Tanzabende.

**❺ L'Enoteca**
*25 rue Charles V, Tel. 0033-1/42 78 91 44, www.cecileadam.fr/enoteca, Mittagsmenü 14 €, Abendmenü 43 € mit Weinen*
Wer der gallischen Küche überdrüssig wird, sollte diese römische versuchen. Ein Grund mehr: L'Enoteca wurde zum besten italienischen Weinkeller von Paris gekürt. Die Bedienung, wie so oft in italienischen Restaurants, schwankt allerdings zwischen ausgezeichnet und schlampig.

**❻ Lafitte**
*8 rue Jean du Bellay, www.lafitte.fr
Tel. 0033-1/43 26 08 63*
Der geeignete Feinkostladen (eines Foie-gras-Fabrikanten aus Südwestfrankreich) für Ihr mittägliches Picknick am Seine-Ufer der Île Saint-Louis. Besonders empfehlenswert: die Sandwiches mit *magret fumé*, geräucherter Entenbrust, und *rillettes de canard*, Entenfleisch-Aufstrich, für jeweils 4 €, sowie – für 6 € – *le sandwich au foie gras de canard*, Sandwich mit gestopfter Entenleber-Pastete. Für das Dessert bietet sich **❼ Berthillon** an, *31 rue Saint-Louis en l'Île*, der bekanntlich größte Sorbet- und Eis-Künstler von Paris!

**❽ Le Tournebièvre**
*65 quai de la Tournelle, Tel. 0033-1/44 07 27 34, Menü mittags 20 €, abends 28 €*
Restaurant mit geschützter Terrasse vis-à-vis Notre-Dame.

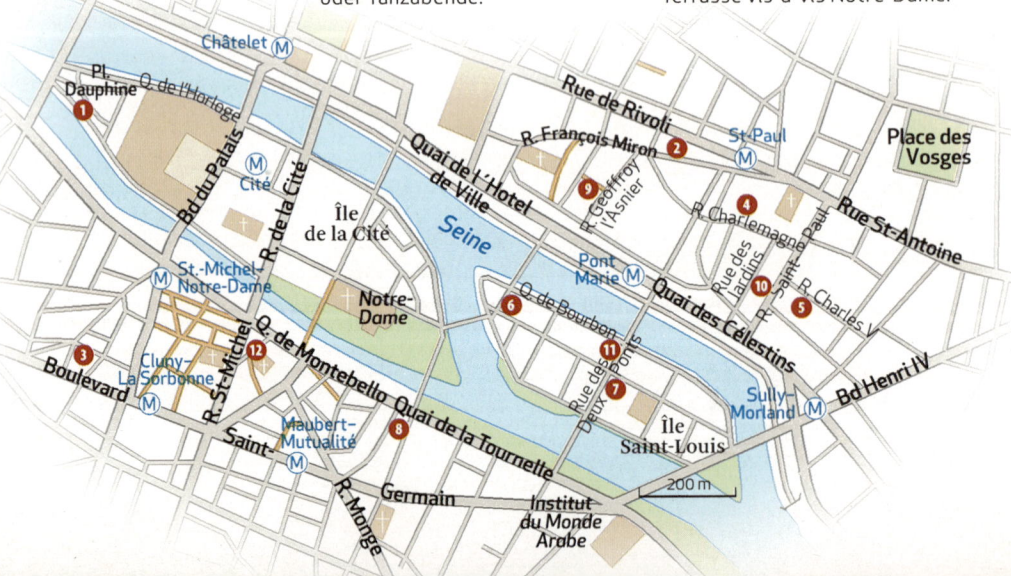

## PERFEKTE TAGE

**Unumstößliche Institution der Pariser Literaturgeschichte: Shakespeare & Company**

*La cuisine française* angereichert mit Geschmacksschüben aus fernen Regionen, wie bei Spaghetti mit Wok-Gemüse, die ein Seebarsch-Filet begleiten. Kurz: eine der guten Adressen in einem touristischen Viertel, wo die Qualität nicht immer die Preise rechtfertigt.

### ENTDECKEN

In diesem Viertel flanieren Sie durch mehrere Jahrhunderte, angefangen im Pariser Mittelalter. Besonders stimmungsvoll ist der Weg, der von der Rue Saint-Paul über die winzige Rue Eginhard zur Rue Charlemagne und von dort in Richtung Fluss zu dem besichtigungswerten Hôtel de Sens, *1 Rue du Figuier*, führt. In der Zeit um 1600 empfing dort „la Reine Margot" zahlreiche Liebhaber, zum gemäßigten Verdruss ihres königlichen Gatten Henri IV. Aber auch ein anderes Kapitel der Geschichte lässt sich aufschlagen:

**❾ Mémorial de la Shoah**
*17 rue Geoffroy l'Asnier, www.memorialdelashoah.org*
Diese Gedenkstätte ehrt 76 000 Juden, unter ihnen 11 000 Kinder, die in den Kriegsjahren 1942 bis 1944 vom französischen Vichy-Regime an Nazi-Deutschland ausgeliefert oder direkt in Vernichtungslager abtransportiert wurden. Auf einer *mur des justes*, Mauer der Gerechten, stehen auch die Namen von 2693 Franzosen, die damals ihr eigenes Leben für die Rettung französischer Juden aufs Spiel gesetzt haben.

### EINKAUFEN

**❿ Village Saint-Paul**
*Zugang über Rue Saint-Paul, Rue des Jardins de Saint-Paul, Rue de l'Avé Maria, Rue Charlemagne, www.village-saint-paul.com*
In den ehemaligen Gärten von König Karl V. erstreckt sich heute eine Fußgängerzone mit zahlreichen Boutiquen, vor allem mit Antiquitäten und Design. Gut zum Bummeln bei schönem Wetter.

**⓫ Laguiole**
*35 rue des Deux Ponts, www.laguiole-en-aubrac.com*
Die berühmteste französische Klinge mit Griffen aus Holz oder Horn. Welche – schaut man sich in dieser Boutique um – durchaus auch aus versteinertem Mammut-Elfenbein (385 €) oder aus Resten des stillgelegten Überschallfliegers Concorde (175 €) sein können. Wem es dafür am nötigen Budget fehlen sollte, der findet hier auch Opinel, das andere berühmte Messer aus Frankreich, und zwar ab 8,50 €. Und Opinel, muss man wissen, ist das beliebteste Picknick-Utensil von Paris.

**⓬ Shakespeare & Company**
*37 rue de la Bûcherie, www.shakespeareandcompany.com*
Weit mehr als ein Bücherladen. Im ersten Stock befindet sich ein Raum, wo man Bücher nicht kaufen, sondern nur lesen und in ihnen blättern kann. Den Schreibtisch mit Blick auf Seine und Notre-Dame nehmen meist Studenten aus dem Quartier Latin in Beschlag. Ein Klavier steht zur freien Verfügung. Ebenso die alte Schreibmaschine, die aussieht, als hätte Hemingway, der sich hier in den 1920er Jahren oft Bücher auslieh, auf ihr sein berühmtes „Paris – ein Fest fürs Leben" geschrieben.

 service

## AUF UND UM MONTMARTRE

**Trotz des Klischees: Auf Montmartre singen sich noch immer Chansonniers zum ersten Erfolg. Musik interessiert Sie nicht? Dann testen Sie die besten Plätze des Quartiers!**

→ Place Saint-Georges – Rue des Martyrs – Rue des Abbesses – Place du Tertre – Sacré-Cœur – Pigalle – Blanche

Das Ansichtskarten-Paris der „fabelhaften Amélie" ist zum Lieblingsviertel geworden. Mit seinen alten Laternen, Straßentreppen, kurvigen Gassen und kleinen Plätzen bildet es die perfekte Kulisse für jedermann, der sich als romantischer Hauptdarsteller fühlt, zumindest im Film seines eigenen Lebens.

### SCHLAFEN

#### ❶ Ermitage Hôtel
24 rue Lamarck, Tel. 0033-1/42 64 79 22, www.ermitagesacrecoeur.fr, DZ/F ab 96 €

Ein paar Treppenstufen unterhalb von Sacré-Cœur liegt dieses Haus, das so gar nicht aussieht wie ein Hotel und in dem man sich denn auch eher fühlt wie zu Gast bei einer netten Familie. Wenn Sie früh genug reservieren, fragen Sie nach den Zimmern 11 und 12 (für 100 €), die über eine private Terrasse im Hausgarten verfügen.

#### ❷ Hôtel Amour
8 rue de Navarin, Tel. 0033-1/48 78 31 80, www.hotelamourparis.fr, DZ/F ab 174 €

Mit Vintage-Möbeln der 1970er Jahre eingerichtet, hat jedes Zimmer seinen eigenen Stil und seine besondere Deko, die es verschiedenen französischen und internationalen Designern verdankt. Allen gemeinsam bleibt das Thema: l'amour, sei sie nun romantique oder in erster Linie sexuel. Fragen Sie nach den Zimmern, die zum niedlichen Garten hin liegen. Dort, am Springbrunnen, wird Ihnen an Bistrotischen auch das Frühstück serviert.

#### ❸ Le Relais Montmartre
6 rue Constance, Tel. 0033-1/70 64 25 25, www.relaismontmartre.fr, DZ/F ab 186 €

Eine ruhige Adresse mit romantischem Chic. Lieblingsherberge von Chansonniers und sonstigen Künstlern, die auf einer der vielen Bühnen dieses Viertels gastieren.

### ESSEN UND TRINKEN

#### ❹ Cul de Poule
53 rue des Martyrs, Tel. 0033-1/53 16 13 07, Mittagsmenü ab 14 €, abends ab 22 €

Das Interieur dieses Restaurants, dessen Name wörtlich „Hühnerarsch" bedeutet, ähnelt einem mit Krimskrams vom Flohmarkt möblierten Flur. Als Toilette scheint ein Wandschrank zu dienen. Zum Essen im Obergeschoss setzt man sich auf den Boden und behilft sich mit einem Tablett auf den Knien. Aber es schmeckt im Geflügelhintern, das als eines der Aushängeschilder von „SoPi" gelten darf. Merken Sie sich dieses Kürzel, das selbst viele Pariser noch nicht kennen! Es steht für South Pigalle und bezeichnet das neue quartier tendance, Modeviertel, der Hauptstadt.

#### ❺ La Mascotte
52 rue des Abbesses, Tel. 0033-1/46 06 28 15, www.la-mascotte-montmartre.com

Zwischen den zahllosen Fashion-Boutiquen und Cocktailbars der „neuen" Rue des Abbesses bietet dieses Café allen Altmodischen herrliche Zuflucht. Für 9,50 € können Sie an der Theke neun Austern mit einem Glas Weißwein herunterspülen. Oder, wenn's lieber ein Roter sein soll, diesen mit einem Aufschnittteller begleiten: für 5,50 €. Die an das Café angeschlossene Brasserie ist spezialisiert auf Meeresfrüchte.

#### ❻ Le rendez-vous des amis
23 rue Gabrielle, Tel. 0033-1/46 06 01 60, www.rdvdesamis.com

Am Ende der Straße leuchtet Sacré-Cœur, an den Hängen oberhalb der Straße grünt es, und an der Ecke dieser Straße erwartet Sie dieses sympathische kleine Café mit seiner Mini-Terrasse und den Fotos vieler „Freunde" an den Wänden. Die Preise halten sich, gemessen am Standard des Viertels, in Grenzen: Salate und verschiedene Quiche-Sorten für je 8 €; das Bier kostet 2,80 €, das Glas Wein 2 €.

#### ❼ Bistrot Poulbot
39 rue Lamarck, Tel. 0033-1/46 06 86 00, Mittagsmenü für 15,90 €, abends ab 29 €

Das Sagen hat hier eine hochtalentierte, junge Chefin, die zwischen klassischer französischer Küche und „Kreationen" variiert, die vorwiegend von der Inselwelt Polynesiens und dem Fernen Osten inspiriert sind.

### AUSGEHEN

#### ❽ La Cigale
120 boulevard de Rochechouart, Tel. 0033-1/49 25 81 75, www.lacigale.fr

In diesem legendären Cabaret traten vor dem Krieg Frankreichs populärste Entertainer auf. Danach verkam es zum Billigkino mit zunehmender Kung-Fu-Tendenz, bevor der Architekt und Designer Philippe Starck den unter Museumsschutz stehenden Saal erneut zur Konzertbühne stilisierte: für Sänger und Gruppen der heutigen Avantgarde, die morgen oder übermorgen zu den berühmtesten Klassikern zählen möchten.

#### ❾ Les trois baudets
64 boulevard de Clichy, Tel. 0033-1/42 62 33 33, www.lestroisbaudets.com

Noch eine Legende: In den 1960er Jahren traten hier Talente

## PERFEKTE TAGE

auf, deren Chansons bald darauf weltweit das Frankreich-Bild ihrer Zeit mitprägen sollten: George Brassens, Jacques Brel, Jeanne Moreau, Serge Gainsbourg und Konsorten. Von der Stadt Paris vollständig renoviert, hilft diese Bühne seit 2009 erneut Jungtalenten bei ihrem Aufstieg zur *gloire*. Außerdem finden hier Events für Kinder statt, deren Eltern sich die Zeit notfalls an der Bar oder im hauseigenen Restaurant vertreiben können.

### ENTDECKEN

SoPi und Montmartre? Zu vulgär, schimpfen die einen. Zu touristisch, maulen die anderen. Weil sie oft nur sehen, was sie stört. Andererseits: Wer könnte mit offenen Augen durch dieses Viertel der kleinen Plätze gehen und behaupten, sein Herz sei solchem Charme unzugänglich? Urteilen Sie selbst. Folgen Sie unserer Route von *place* zu *place*!

**Place Saint-Georges:** Eine versteckte Metrostation und ein hübscher Springbrunnen, der als Pferdetränke diente, bevor ihn der Bau der Metro Anfang des 20. Jahrhunderts austrocknen ließ. Seit einigen Jahren fließt das Wasser wieder – zur Freude aller Flaneure.

**Place Gustave Toudouze:** Noch ein Brunnen, dazu Restaurantterrassen im Schatten von Kastanienbäumen. Beim kleinsten Bisschen Sonne werden die Terrassen im Sturm genommen: von jenen, die nach Essen, aber auch nach Schönheit hungern.

**Place Lino Ventura:** Ideale Sitzbank-Kollektion für Liebende. Dazu die Boulangerie **Verte** mit ihrem Eis nach alter Hausmacherart.

**Place Charles Dullin:** Mit Linden! Und dem so romantisch wirkenden **Théâtre de l'Atelier**, *www.theatre-atelier.com*, wo einst Legenden wie Sarah Bernhardt und Jean-Louis Barrault auftraten. Heute dient seine Bühne Lesungen berühmter Schauspieler und Gesangskonzerten.

**Place des Abbesses:** Eine der schönsten Metrostationen der Stadt. Gleich daneben ein Kinderspielplatz und eine „Mur des Je t'aime", eine als Kunstwerk zu verstehende Tafel, auf der in verschiedenen Sprachen „Ich liebe dich" steht. Nicht weit ein leider verschlossenes Gittertor, das den Weg zum **Jardin des Abbesses** versperrt. Unser Tipp: Gehen Sie „hintenrum", über die Impasse des Abbesses, im Sommer 17.30–20.30 Uhr.

**Place Émile Goudeau:** Nur wenige Schritte von jener **Épicerie**, *56 rue des Trois Frères*, entfernt, der „Die fabelhafte Welt der Amélie" zu ewigem Ruhm verhalf. Direkt am Platz liegt ein Atelierhaus, das in die Kunstgeschichte eingegangen ist: **Le Bateau Lavoir**. Hier wohnten, verkehrten, schufen Picasso, Matisse, Braque, Modigliani, Max Jacob und noch einige mehr. Das Haus gilt als die Geburtsstätte des Kubismus.

**Place Jean Baptiste Clément:** Benannt nach dem Komponisten von „Le Temps des Cerises", einem Helden der Pariser Kommune. Ein Brunnen, eingefasst in die Mauer eines ehemaligen Wasserreservoirs, erzählt von Zeiten, als Montmartre noch ein Dorf vor der Stadt war.

**Place Marcel Aymé:** Benannt nach dem Schriftsteller, der hier wohnte: *2 place Marcel Aymé*. An ihn erinnert heute eine Bronze-Skulptur, die auf seine bekannte Novelle „Le passe-muraille" Bezug nimmt und Aymé darstellt, wie er gerade durch eine Wand geht.

**Place Dalida:** Noch ein verträumtes Plätzchen mit Perspektive: Am Ende der Rue de l'Abreuvoir entdecken Sie die weiße Kuppel von Sacré-Cœur. Am Rande des Platzes eine Bronze-Büste der Sängerin Dalida, die hier in der Nähe *(Rue d'Orchampt)* wohnte und in diesem Viertel von Montmartre bis heute vergöttert wird.

**Place du Tertre:** Hier, zwischen echten Kommerz-Malern und falschen Galerien, liegt das Montmartre der Klischees. Überfüllt mit Tausenden von Touristen, die vergeblich Ausschau halten nach jenem anderen Montmartre, das Sie gerade entdeckt haben.

**Place du Parvis du Sacré-Cœur:** Die berühmte Basilika im orientalischen Zuckertortenstil ist genau die Art von Ort, die jeder echte Pariser meidet. Auf jeden Fall behauptet er das. Nur weiß auch er, dass es keinen berauschenderen Ausblick auf seine Stadt gibt als von hier oben.

### EINKAUFEN

❿ **La Rue Clauzel** ist die beste Adresse für Vintage-Klamotten mit Chic. In Nr. 13, **Zac et Sam**, finden die Herren Kleidung und Accessoires sehr bekannter Marken, während die Damen in Nr. 6, **Troc en Stock**, günstig auf ihre Kosten kommen, dank Chanel, Chloé, Marc Jacobs etc. Wenn Sie dann auch noch Ihre Kinder neu/alt einkleiden wollen, wird man Sie gern in Nr. 7, bei **P'tits Bo'bo**, beraten und bedienen.

⓫ **Antoine & Lili**
*90 rue des Martyrs,*
*www.antoineetlili.com*
Diese Boutique gab es schon vor zwölf Jahren, bevor also der Amélie-Effekt das Viertel neu „gestaltet" hat. Ihre Damenkleidung wurde in Frankreich hergestellt (avec amour, wie das Etikett beteuert) und in Italien, was die frisch-fröhlichen Farben der mit jeder Saison wechselnden Kollektionen erklären mag.

⓬ **Ets Lion**
*7 rue des Abbesses,*
*www.epicerie-lion.fr*
Aromatische Pflanzen auf dem Trottoir. Drinnen: eine Welt der Kräuter, Gewürze, Würzstoffe, Olivenöle und Teesorten. Dazu Beutelchen mit Zutaten für die Zubereitung traditioneller Klassiker wie Milchreis, sowohl in süßer als auch in salziger Ausführung.

Lebenslust steht rund um die Place Émile Goudeau täglich auf der Karte. Kreativität war früher im Angebot. Picasso arbeitete hier

GEO SPECIAL > PARIS 137

# service

## MÉNILMONTANT UND BELLEVILLE

Paris, wie es heute lebt: Früher Arbeiter-, heute Migrantenviertel, zieht Belleville mit niedrigen Mieten auch Künstler an. Die zeigen für wenig Geld, wie viel sie können

Der einst arme Osten von Paris hält auch heute noch einen Platz für »Straßenkinder« bereit: die Künstlerszene von Ménilmontant

→ Église du Jourdain – Rue de la Villette – Rue de Belleville – Parc de Belleville – Rue de Ménilmontant

Das neue Trendviertel von Paris ist das alte „Paris populaire" von Édith Piaf. Hier kam der „Spatz von Paris" in einer Dezembernacht 1915 zur Welt, auf dem Trottoir vor dem Haus 72, Rue de Belleville. Seither haben Suchende und Vertriebene aus aller Welt in diesem Quartier eine Heimat gefunden. Eine bunte Ethno-Mischung, in der Chinesen und Maghrebiner überwiegen. Sehr gefragt ist das Viertel auch unter Künstlern, die nicht allein Inspiration, sondern auch vergleichsweise niedrige Mietpreise für ihre Ateliers benötigen.

### SCHLAFEN

**❶ Mama Shelter**
109 rue de Bagnolet, Tel. 0033-1/ 43 48 48 48, www.mamashelter.com, DZ/F ab 99 €
Dieses Hotel ist branché, en vogue. Einrichtungsdesign von Philippe Starck, Restaurantkarte vom legendären Küchenchef Alain Senderens. Zwei Hotelbars. Für Künstler und Stars! Und natürlich auch für Hotelgäste.

**❷ Manoir de Beauregard Paris**
43 rue des Lilas, Tel. 0033-1/ 42 03 10 20, www.manoir-de-beauregard-paris.com, DZ/F ab 125 €
Ein manoir, ein Gutshaus, in Paris? In diesem herrschaftlichen Anwesen, in einer ruhigen Gasse nahe dem Parc des Buttes-Chaumont, kann man durchaus vergessen, wo und in welcher Zeit man sich befindet. Das Haus und ein Teil der Einrichtung stammen aus dem 18. Jahrhundert, gefrühstückt wird bei gutem Wetter in einem jardin à la française, einer Art Mini-Mini-Versailles. Sehr erholsam.

### ESSEN UND TRINKEN

**❸ Le Lao Siam**
49 rue de Belleville, Tel. 0033-1/ 40 40 09 68, ca 20 €
Die lange Rue de Belleville ähnelt streckenweise einer Abfolge asiatischer Restaurants. Sich auf gut Glück für eines davon zu entscheiden, ist nicht immer risikofrei. Im Lao Siam hingegen werden Sie sich nicht den Magen verderben – vorausgesetzt, Sie vertragen laotische und thailändische Küche. Billig. Köstlich!

**❹ Le Cyclo**
78 rue de Belleville, Tel. 0033-1/ 40 33 48 86, ca. 15 €
Noch eine ausgezeichnete Adresse in der Rue de Belleville. Vietnamesische Küche. Versuchen Sie die „Palets moelleux" mit Krabben! Es gibt nur wenige Tische. Anstehen lohnt sich. Bei schönem Wetter können Sie sich Ihr Essen auch mitnehmen in den drei Minuten entfernten Parc de Belleville.

**❺ En Colimaçon**
107 rue de Ménilmontant, Tel. 0033-1/ 40 33 10 40, ca. 20 €
Angenehme Atmosphäre, klassische Küche zu leckeren Preisen. Und vor allem: Konzerte, Fashion-Shows, Foto-Ausstellungen.

### AUSGEHEN

**❻ Le Café Chéri(e)**
44 boulevard de la Villette
Besonders unter jungen Leuten beliebt. Hier können Sie tagsüber an alten Schulpulten lesen und schreiben, jederzeit ein Glas trinken, von der Terrasse aus das hektische Leben auf dem Boulevard verfolgen und – donnerstags, freitags und samstags, außer im Sommer – Livemusik genießen, meist Jazz oder Elektro, mit Musikern aus dem Quartier. Sympa!

**❼ Aux Folies**
8 rue de Belleville
In diesem ehemaligen Café-Theater traten Maurice Chevalier und Édith Piaf auf. Heute ist es ein Bistro, das von einer kabylischen Familie geführt wird. Auf der

Genüsse für Augen, Ohren und Gaumen, verteilt über drei Etagen einer ehemaligen Arme-Leute-Kooperative: La Bellevilloise

# PERFEKTE TAGE

Terrasse und an der Theke trifft man meist dieselben Stammkunden, umgeben von einem Dekor, das sich in den vergangenen Jahrzehnten kaum verändert hat. Sollten Sie das „wahre" Belleville suchen, hier finden Sie es.

### ❽ La Bellevilloise
*19–21 rue Boyer, Tel. 0033-1/46 36 07 07, www.labellevilloise.com*
Schwierig, dieser sich über drei Etagen erstreckenden Mehrzweckfläche einen anderen Namen zu geben als La Bellevilloise. Konzerte, Ausstellungen, ein Restaurant, ein Nachtklub, Bars, kostenlose Tangokurse. Der sonntägliche Brunch-Jazz, 11–14.30 Uhr, ist mit 28 € nicht billig, aber empfehlenswert. Mehr noch der Blick von der Bar-Terrasse im obersten Stock: PARIS!

### ❾ Le Studio de l'Ermitage
*8 rue de l'Ermitage, abends geöffnet, Tel. 0033-1/44 62 02 86, www.studio-ermitage.com*
Einst Fabrik, nun Mehrzweckhalle für Verschiedenstes: Musik, Theater, Tanz.

## ENTDECKEN

Das Quartier de Ménilmontant eignet sich ideal dazu, sich buchstäblich gehen zu lassen. Laufen Sie los, folgen Sie dem Labyrinth gepflasterter Gassen und steiler Straßentreppen, bewundern Sie die umgemodelten Waschhäuser und Fabriken, beneiden Sie jene, die hier Unterschlupf gefunden haben in anmutigen Apartments und Lofts. Und genießen Sie die Aussicht bei einem Picknick im Parc de Belleville – bevor dieser vom Massentourismus in Beschlag genommen wird. Unumgänglich für alle, die sich für zeitgenössische Kunst begeistern:

### ❿ Les Ateliers des Artistes de Belleville
*1 rue de Picabia, Tel. 0033-1/58 53 55 44, www.ateliers-artistes-belleville.org*
Rund 200 Künstler, die dieser Vereinigung angehören, stellen hier regelmäßig ihre jüngsten Werke aus und bieten sie zum Kauf an. Ende Mai drei Tage der offenen Tür. Besucher haben dann freien Zutritt zu den Ateliers, und das ganze Quartier wird zur Künstlerfete.

## EINKAUFEN

Wer alles für ein Picknick im Parc de Belleville sucht, sollte seine Einkäufe in der Bäckerei ⓫ **Au 140**, *140 rue de Belleville*, beginnen. Dort findet er ein Baguette, dessen Vorgänger zum „Meilleure Baguette de Paris 2001" (siehe auch Seite 50) gewählt wurde. Ein ebenbürtiger Nachtisch lässt sich, gleich um die Ecke, in der ⓬ **Pâtisserie de l'Église**, *10 rue du Jourdain, www.demoncy-vergne.com*, erstehen. Dann zum Käse: ⓭ **Sarl Beaufils**, *118 rue de Belleville*, ist der denkbar würdigste Vertreter der Pariser Fromagerie; Vater und Sohn haben ihre gemeinsamen Fantasien angestrengt, um der Kundschaft die Wahl zwischen 360 Käsesorten (im Hochsommer sind es „nur" 250) zu lassen. Und um all dies genüsslich die Kehle hinunterzuspülen: ⓮ **Ma Cave**, *105 rue de Belleville*, mit einer exzellenten Selektion wenig bekannter französischer Weine. Fragen Sie den Chef Stéphane nach einem runden, fruchtigen Weißen aus dem Süden. Etwa La Cuvée les Genêts, Château de Roquefort, Côtes de Provence, für 9,40 €.

### ⓯ Castafiora
*7 rue de la Villette*
Eine niedliche Boutique mit handgefertigtem Schmuck, hauptsächlich aus Silber. Originelle Einfälle. Und vor allem: vernünftige Preise.

### ⓰ La Librairie photographique
*17 rue de la Villette, Tel. 0033-1/48 07 80 90, www.librairie-photographique.com*
Wie der Name schon sagt: In diesem Buchladen kommen Freunde der Fotografie auf ihre Kosten. Neben Büchern finden sie auch Anthologien, Monografien und Magazine, die sich nur mit Fotos und Fotografen befassen. Häufig Ausstellungen.

## service

## RUND UM DIE NATIONALBIBLIOTHEK

Der Zukunft zugewandt ist der Pariser Osten: Bücher wachsen in den Himmel, ein Ministerium lernt laufen, und die Künstler arbeiten im Kühlschrank

Vier gewaltige Kapitel im Buch der städtischen Baugeschichte: die Bibliothèque Nationale de France

→ **Parc de Bercy – Passerelle Simone de Beauvoir – Quai de la Gare – Bibliothèque Nationale de France (BNF)**

Das neue Viertel. Nirgends wirkt Paris moderner: ein Ministerium (Finanzen), das mit vier Betonfüßen im Wasser steht; ein gigantischer, Mode und Design gewidmeter Mammutbau in Neongrün (Docks en Seine); vier Türme, ein jeder geformt wie ein stehendes offenes Buch (BNF) – und die Seine, die sehr passend den Fluss der Zeit symbolisiert in diesem einstigen Industrieviertel im Pariser Osten. Ein Ort zum Entdecken der Zukunft.

### SCHLAFEN

**❶ 48 Dunois**
*48 rue Dunois, Tel. 0033-6/ 66 56 56, http://48ruedunois.fr, DZ/F 35 und 40 €*
Eine verglaste Hausfront mit roten Tür- und Fensterrahmen? Bei seiner Ankunft glaubt der Gast, sich in der Adresse geirrt zu haben. Aber Dorothée, *la patronne* dieses Gästehauses, hat ihr Apartment und die zwei Zimmer, davon eines mit eigener Dusche und Kochnische, tatsächlich in einem ehemaligen Restaurant eingerichtet. Etwas davon ist angenehm hängen geblieben: Auf Bestellung bereitet Dorothée (für 15 € p. P.) ein *dîner à la française* (inklusive Käse und Wein) zu. Die von Fotografie begeisterte Wirtin ist zudem ständig auf Suche nach neuen Motiven im Viertel. Das heißt: Sie hat garantiert gute Tipps für Entdeckungstouren parat. Im Sommer kann man ihre Wohnung auch komplett mieten, für 550 € pro Woche.

### ESSEN UND TRINKEN

**❷ Eric Kayser**
*77 quai Panhard Levassor, www.maison-kayser.com*
Der weltberühmte Bäcker Kayser bietet die einzige (vernünftige) Möglichkeit, in diesem Viertel preiswert zu essen (siehe auch Seite 54). Man hat die Wahl zwischen mehreren schmackhaften Mittagsmenüs zum Mitnehmen, für maximal 8,90 €. Zum Verzehr setzen Sie sich am besten ans Seine-Ufer.

**❸ El Alamein**
*11 port de la Gare, http://elalamein.free.fr*
Selbst wenn Sie den Namen dieses Konzert-Cafés nicht auf den ersten Blick entdecken, können Sie es auf Anhieb identifizieren: Es ist der Lastkahn mit dem rosafarbenen Anker und einem Dickicht aus Topfpflanzen an Deck. Ein idyllischer Ort für Auftritte von Gruppen aus der jungen Musikszene.

**❹ Le Batofar**
*Port de la Gare, www.batofar.org*
Auch dieser Konzert-Kahn ist leicht auszumachen: ein leuchtend rotes Feuerschiff, das Ende der 1990er Jahre den Weg von der Küste Irlands in den Hafen von Paris fand, um dort fortan als Navigationshilfe für alle in der Nacht umherirrenden Fans von Elektro, Rock, Soul, Hip-Hop und World Music zu dienen. Es gibt auch ein Restaurant, in dem man zum Beispiel sonntags, von 12 bis 15 Uhr, einen *brunch musical* zu sich nehmen kann.

**❺ MK2 Bibliothèque**
*128–162 avenue de France, www.mk2.com*
Das größte Kinozentrum des in Frankreich legendären Filmproduzenten Marin Karmitz: 14 Säle, drei Boutiquen, vier Restaurants. Das Ganze untergebracht in einem Gebäude, das einem gläsernen Ozeandampfer ähnelt. 22 € kostet die *formule ciné*, eine Mahlzeit in dem sehr schönen Café Bibliothèque plus Ticket für einen Film Ihrer Wahl.

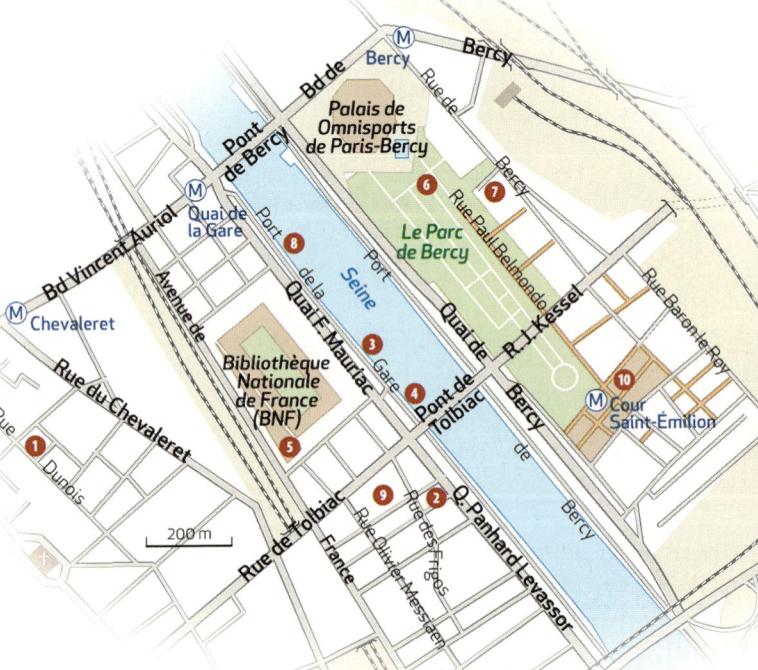

## PERFEKTE TAGE

Wenn Sie in der richtigen Begleitung kommen, können Sie von sogenannten Love Seats profitieren: ohne die störende Armlehne in der Mitte.

### ENTDECKEN

Der ❻ **Jardin Yitzhak Rabin**, im Herzen des Parc de Bercy, wirkt wie eine Zen-Oase in einer Betonwüste. Wohin man jenseits seiner grünen Grenzen auch schaut: überall hohe Gebäude aus der Pariser Moderne. In Wahrheit besteht dieser Garten übrigens aus einer Abfolge verschiedener Gärten, darunter ein Rosengarten, ein Weingarten, ein Garten aus Orangenbäumen sowie ein Gemüsegarten, den Pariser Kinder bestellen.

❼ **La Cinémathèque française**
*51 rue de Bercy,
www.cinematheque.fr*
Die französische Cinemathek, untergebracht in dem von Frank Gehry entworfenen ehemaligen American Center, hat sich seit ihrer Gründung 2005 als sicherer Publikumsmagnet erwiesen. Sie bietet ein Museum, eine Filmbibliothek, dazu Ausstellungs- und Vorführsäle, und sie zeigt jeden Tag sechs Meilensteine der Filmgeschichte. Sehr gefragt sind auch Retrospektiven, die jeweils einem großen Regisseur oder Schauspieler gewidmet sind. Das Restaurant **Le 51**, *Tel. 0033-1/58 51 10 91, www.restaurant51.com*, lockt mit einer der attraktivsten Terrassen des Quartiers und einer für die verschiedensten Portemonnaies entworfenen Speisekarte. Freitags und samstags ein von DJs servierter *apéritif musical*, sonntags Livemusik samt kostenloser Salsa-Kurse.

❽ **Piscine Joséphine Baker**
*Port de la Gare*
Die auf der Seine schwimmende Badeanstalt, zusätzlich ausgestattet mit Sonnendeck und Fitnesscenter, zählt zu den Hochburgen der Pariser Körperkultur und Fleischschau. Was wohl auch den ungeheuren Andrang im Juli, August und an generell allen Wochenenden erklärt. Wer zur falschen Zeit kommt, kann vor dem Eingang des Schwimmbads bis zu zwei Stunden in der Warteschlange verbringen. Für alle, die nicht unbedingt im Hochsommer hier schwimmen wollen: Kommen Sie an Wochentagen und erst ab 13.15 Uhr! Eintritt: nur 3 €.

❾ **Les Frigos**
*19 rue des Frigos,
http://les-frigos.com*
Cool! Das ehemalige Kühllager der französischen Eisenbahn dient nun dem freien Schaffen von 200 Künstlern. Zwar sind ihre Ateliers nicht zu besichtigen, doch häufig finden Ausstellungen statt. Wenn Sie mehr über die Geschichte des Viertels und des Künstlerkollektivs in den „Kühlschränken" erfahren wollen, machen Sie halt in **La Maison des Frigos**, einer Galerie mit Restaurant, geführt von einer Japanerin, die hier vor 20 Jahren zu den Pionieren zählte.

### EINKAUFEN

❿ **Bercy Village**
*Metro Cour Saint-Émilion,
www.bercyvillage.com*
Dieses „Dorf", das sich in den ehemaligen Weinlagern von Paris angesiedelt hat, besteht hauptsächlich aus Boutiquen und Restaurants. Letztere geöffnet bis zwei Uhr morgens. Aber auch Kindgerechtes wird (Mi, Sa, So) geboten. Etwa eine Schatzsuche. Einer jener Orte, an denen Pariser gern en famille spazieren gehen, am liebsten sonntags bei schönem Wetter.

---

**Judith Stührenberg**, 43, hat nicht zum ersten Mal einen Serviceteil für GEO Special verfasst. In zwei Paris-Heften – 1991 und 1997 – führte sie bereits durch ihre Heimatstadt. Und hat sich dabei fast noch nie mit einer Empfehlung wiederholen müssen.

# Schlafend ans Traumziel:
## im City Night Line über Nacht durch Europa.

**Im Liegewagen ab 59 Euro durch Europa (p. P.)**

Entdecken Sie Europas schönste Metropolen. Amsterdam, Paris, Prag, Rom, Venedig oder Zürich – was ist Ihr Traumziel? 15 Verbindungen in acht Länder machen Lust aufs Planen und Verreisen. Im City Night Line schlafen Sie während der Fahrt, kommen morgens ausgeruht am Ziel an und genießen Ihren Urlaub ab dem ersten Tag. Info und Buchung überall, wo es Fahrkarten gibt, unter 0180 5 99 66 33* und unter **www.bahn.de/citynightline**
**Die Bahn macht mobil. Seit 175 Jahren.**

*14 ct/Min. aus dem Festnetz, Tarif bei Mobilfunk max. 42 ct/Min.

175 Jahre Eisenbahn in Deutschland

**City Night Line**

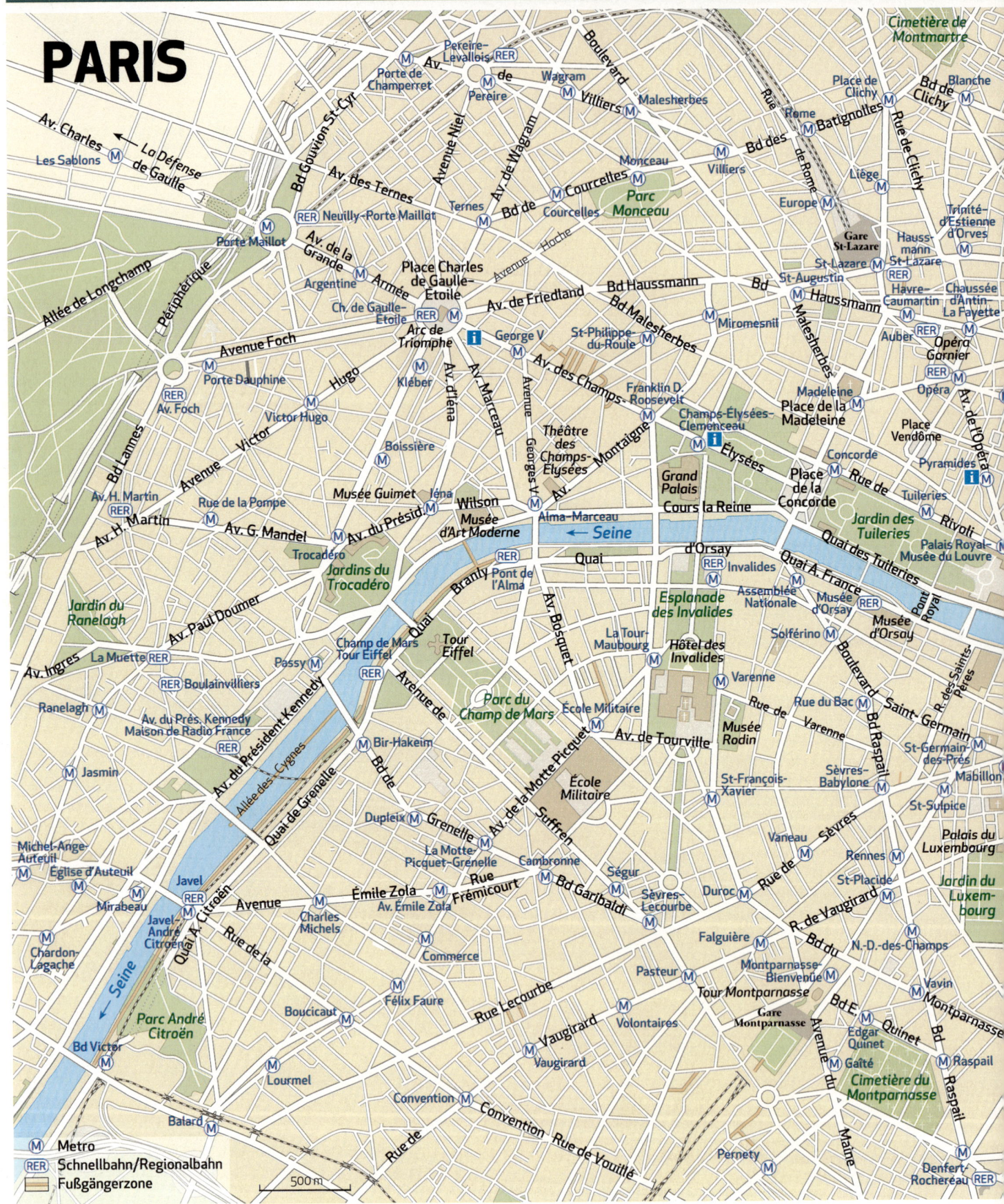

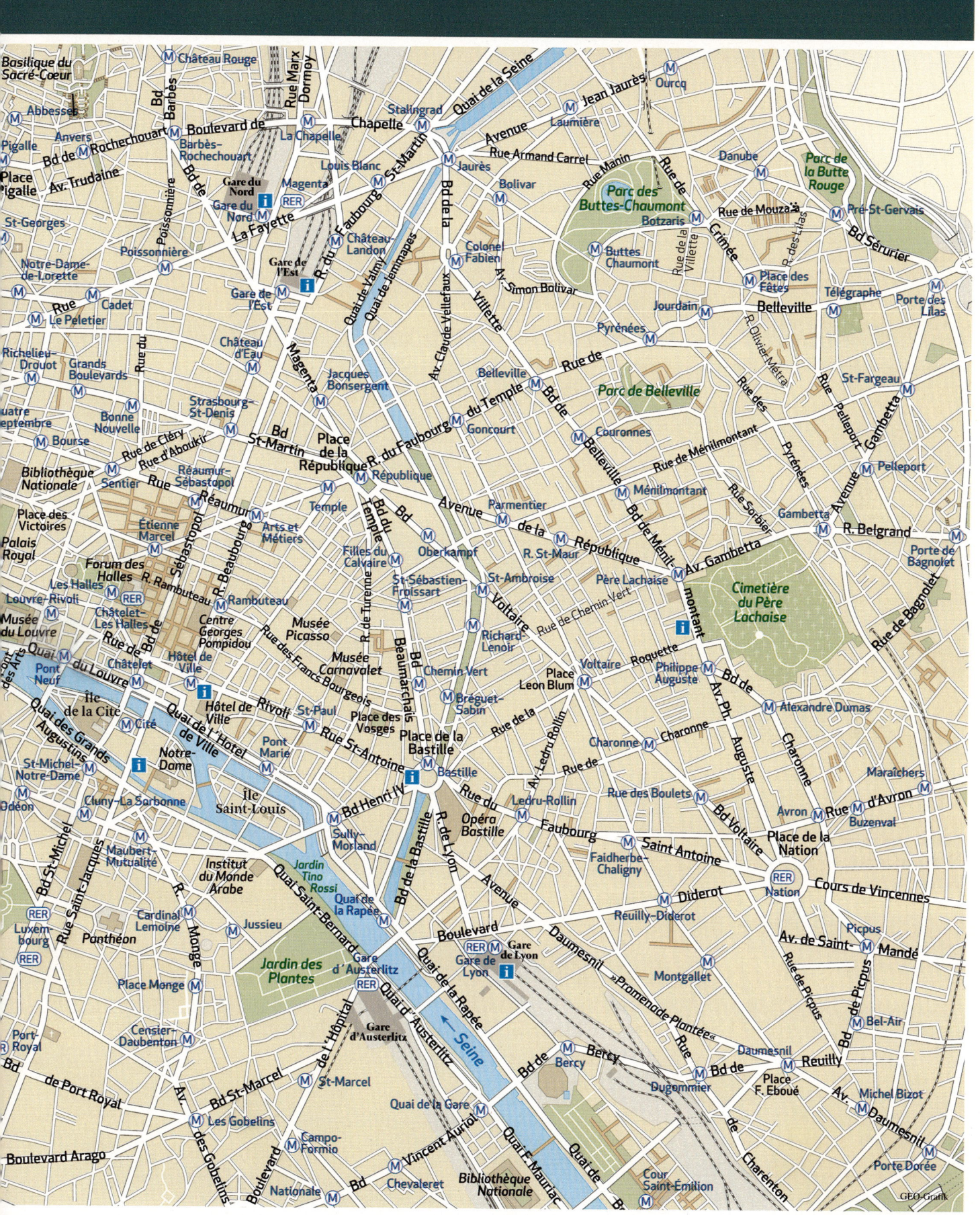

# LESERBRIEFE

**GEO Special Schottland (03/10)**

Your latest edition looks fantastic, and you have done a great job on it. It is really nice to see Scotland done from a different angle, and you have achieved it. Also the web issue is excellent.
— MALCOLM MACGREGOR, CLAN-CHIEF

Ihre Schottland-Ausgabe hat mich sehr gefreut! Das Timing kam für mich perfekt, weil ich gerade in Edinburgh und Glasgow war. Die Bilder dieser Ausgabe sind beeindruckend, und auch der Text liest sich interessant. Es ist wahr: Wer einmal in Schottland war, möchte immer wieder hin. Ein traumhaft schönes Land.
— ROLAND DI DARIO

Ich bin komplett fassungslos, wie Sie die wundervolle Stadt Glasgow in Ihrem Heft behandeln! Der Touristenfalle Edinburgh widmen Sie mehrere Seiten mit wunderschönen Farbfotos, Glasgow dagegen wird nur als sozialer Brennpunkt mit deprimierenden Schwarz-Weiß-Fotos dargestellt. Ich muss zugeben: Nach dem ersten Durchblättern habe ich schon komplett die Lust verloren, die anderen Artikel überhaupt zu lesen.
— BERND JATZWAUK

Habe die Ausgabe gestern durchstöbert! Wenn ich schon nicht hinfahre, dann wenigstens „Kopfreisen". Ein schönes Heft!
— ELISE, SCOTEIRE.DE

Endlich Schottland! Auch wenn man schon alles zu wissen glaubt, so bietet diese Ausgabe jede Menge interessantes Hintergrundwissen.
— RUNRIG30, SCOTEIRE.DE

GEO Special ist schon eine echt tolle Zeitschrift. Klasse finde ich auch, dass es eben nicht nur ein Pauschalüberblick über ein Land ist, sondern Themen vertieft vorgestellt werden. Danke GEO!
— HARVESTMOON, SCOTEIRE.DE

---

# GEO Special

Gruner + Jahr AG & Co KG, Druck- und Verlagshaus,
Am Baumwall 11, 20459 Hamburg.
**Postanschrift für Verlag und Redaktion:**
Brieffach 24, 20444 Hamburg, Telefon 040/37 03-0, Telefax 040/37 03 56 48.
E-Mail: briefe@geo.de; Internet: www.GEO.de

**CHEFREDAKTEUR:** Peter-Matthias Gaede
**GESCHÄFTSFÜHRENDE REDAKTEURE:** Meike Kirsch (Redaktionsleitung), Ruth Eichhorn (Fotografie), Jutta Krüger (Art Direction)
**ART DIRECTION:** Beate Meding
**CHEFS VOM DIENST:** Antje Wischow; Rainer Droste (Technik)
**TEXTREDAKTION:** Heftkonzept: Michael Stührenberg (freie Mitarbeit), Kirsten Bertrand, Ariel Hauptmeier, Markus Wolff
**BILDREDAKTION:** Sophie Henkelmann (freie Mitarbeit), Markus Seewald, Anja Jöckel, Elisabeth Trautnitz; Maria Irl, Gesche Jäger (freie Mitarbeit)
**VERIFIKATION:** Mathias Unger, Andrea-Rebecca Flörke
**KARTOGRAPHIE:** Stefanie Peters
**SCHLUSSREDAKTION:** Antje Wischow
**SEKRETARIAT:** Maren Heidorn, Elke Rehländer-Stöhr, Hella Strepp
**BILDSEKRETARIAT:** Doris Paulini
**HONORARE/SPESEN:** Angelika Györffy
**BILDADMINISTRATION UND -TECHNIK:** Stefan Bruhn
**MITARBEITER DIESER AUSGABE:** Dr. Susmita Arp, Barbara Baumgartner, Ullrich Fichtner, Kai Jünemann, Sebastian Kretz, Nicolai Ouroussoff, Katharina Peters, Dora Reale (Layout), Judith Stührenberg, Rafael Stührenberg, Hans-Heinrich Ziemann
**VERANTWORTLICH FÜR DEN REDAKTIONELLEN INHALT:** Peter-Matthias Gaede

**REDAKTIONSBÜRO NEW YORK:** 535 Fifth Avenue, 29th floor, New York, NY 10017

**VERLAGSLEITUNG:** Dr. Gerd Brüne, Thomas Lindner
**ANZEIGENLEITUNG:** Martina Hoss
**GESAMTANZEIGENLEITUNG:** Helma Spieker
**VERTRIEBSLEITUNG:** Ulrike Klemmer/DPV Deutscher Pressevertrieb
**MARKETING:** Antje Schlünder (Ltg.), Patricia Korrell
**HERSTELLUNG:** Oliver Fehling

**ANZEIGENABTEILUNG**
Anzeigenverkauf: Tanja Dymala, Tel. 040/37 03 29 10, Fax 040/37 03 17 29 10
Anzeigendisposition: Anja Mordhorst, Tel. 040/37 03 23 38, Fax 040/37 03 58 87
Es gilt die Anzeigenpreisliste Nr. 37 vom 1. Januar 2010
Bankverbindung: Deutsche Bank AG Hamburg,
Konto 0322800, BLZ 200 700 00
Druck: Prinovis Itzehoe GmbH

GEO ist auf Papier gedruckt, das aus einem Drittel – ausschließlich chlorfrei gebleichtem – Zellstoff, aus einem Drittel Durchforstungsholz und einem Drittel Altpapier hergestellt ist. Printed in Germany

GEO Special (USPS no 0014523) is published bi-monthly by GRUNER + JAHR AG & CO. Subscription price for USA is $ 60 per annum. K.O.P.: German Language Pub., 153 S Dean St, Englewood NJ 07631. Periodicals Postage is paid at Englewood NJ 07631 and additional mailing offices. Postmaster: Send Address changes to: GEO Special, GLP, PO Box 9868, Englewood NJ 07631.

**GEO-SPECIAL-LESERSERVICE**
**Fragen an die Redaktion**
Telefon: 040/37 03 20 73, Telefax: 040/37 03 56 48, E-Mail: briefe@geo.de

**ABONNEMENT- UND EINZELHEFTBESTELLUNG**

**Abonnement Deutschland, Heftpreis im Abonnement: 6,95 €**
■ **Bestellungen:** DPV Deutscher Pressevertrieb, GEO-Kundenservice, 20080 Hamburg, Telefon: 01805/861 80 01*
■ **Kundenservice allgemein** (persönlich erreichbar)
Mo bis Fr 7.30 bis 20.00 Uhr, Sa 9.00 bis 14.00 Uhr
Telefon: 01805/861 80 01*, Telefax: 01805/861 80 02*
24-Std.-Online-Kundenservice: www.MeinAbo.de/service

**Abonnement Österreich, Heftpreis im Abonnement: 8,10 €**
■ GEO-Special-Abonnentenservice, Postfach 5, 6960 Wolfurt,
Telefon: 0820 / 00 10 85, Telefax: 0820 / 00 10 86
E-Mail: geo-special@abo-service.at

**Abonnement Schweiz, Heftpreis im Abonnement: 13,60 sfr.**
■ GEO-Special-Leserservice, Postfach, 6002 Luzern
Telefon: 041/329 22 20, Telefax: 041/329 22 04
E-Mail: geo-special@leserservice.ch

**Abonnement übriges Ausland, Heftpreis im Abonnement auf Anfrage**
■ GEO-Special-Kundenservice, Postfach, CH-6002 Luzern;
Telefon: 041/329 22 20, Telefax: 041/329 22 04
E-Mail: geo-special@leserservice.ch

**BESTELLADRESSEN FÜR GEO-BÜCHER, GEO-KALENDER, SCHUBER ETC.**

**Deutschland**
■ GEO-Versand-Service, Werner-Haas-Straße 5, 74172 Neckarsulm,
Telefon: 01805/06 20 00*, Telefax: 01805/08 20 00*
E-Mail: service@guj.com

**Schweiz**
■ GEO-Versand-Service 50/001, Postfach 1002, CH-1240 Genf 42

**Österreich**
■ GEO-Versand-Service 50/001, Postfach 5000, A-1150 Wien

**Bestellungen per Telefon und Fax für alle Länder**
Telefon: 0049/1805-06 20 00, Telefax: 0049/1805-08 20 00
E-Mail: service@guj.com

ISBN 978-3-570-19920-6; 978-3-652-00000-0 (Heft mit DVD)
ISSN 0723-5194

*14 Cent/Min. aus dem deutschen Festnetz, max. 42 Cent/Min. aus dem deutschen Mobilfunk

---

*Fotovermerke nach Seiten.* Anordnung im Layout: l. = links, r. = rechts, o. = oben, m. = Mitte, u. = unten

**TITEL:** Paul Hardy/Corbis
**EDITORIAL:** Jean-Marc Armani/Picturetank/Agentur Focus: l. o.; Stéphane Compoint: l. u.; Maria Irl: r. u.
**SEITE 4:** Pascal Lafay/Picturetank/Agentur Focus: l. o.; Stéphane Compoint: r. o.; Atelier Castro Denissof Casi: m.; Sime/Schapowalow: l. u.
**SEITE 5:** Baudouin: l. o.; Sylvain Sonnet/hemis/laif: r. o. und r. m. o.; Pascal Maitre/Cosmos/Agentur Focus: r. m.; Rainer Martini/Look-foto: r. m. u.; Antoine Gyori/AGP/Corbis: r. u.
**KOMPASS:** Peter Rigaud/laif: 6; GEO: 7 o; Ed Alcock/eyevine/Picture Press: 7 u.; Kai Jünemann: 8; Foto: Matthias Haupt, Food: Achim Ellmer, Styling: Isabel de la Fuente: 10/11; Clay McLachlan/Aurora Creative/Getty Images: 12 o.; Sylvain Sonnet/hemis/laif: 12 l. u.; David Wimsett/UPPA/Photoshot: 12 r.; travelstock44/Look-foto: 12 u.; Michael Stührenberg: 14 l.; Lucien: 14 r.; 14 u.
**DEN MÜSSEN SIE STREICHEN:** Stéphane Compoint: 16–24
**TURMHOCH VORN:** Walter Bibikow/Getty Images: 26/27 (Rahmen); Igor Negovelov/iStockphoto: 26, 27
**VIVE LA VIE!:** Cedric Klapisch/Madame Figaro/laif: 28/29; Pascal Lafay/Picturetank/Agentur Focus: 30; Sebastian Otola/REA/laif: 31; Jean Heintz/hemis/laif: 32/33; Gerald Haenel/Garp/laif: 34; Jean-Marc Armani/Picturetank/Agentur Focus: 35; Kathleen Finlay/Masterfile: 36; imago/McPhoto: 37; Catherine Balet: 38 o.; Arnulf Hettrich/Fnoxx.de: 38 u.
**OHNE LISA:** Sylvain Sonnet/hemis/laif: 40/41, 42, 43, 44/45; René Mattes/hemis/laif: 46/47; Photothèque Ducatez – Paris/Musée de Montmartre: 48 o.; Musée Dali: 48 u.; Emile Luider/Rapho/laif: 49
**DER MASSSTAB VON PARIS:** Magali Delporte/Eyevine/Picture Press: 50; Fishing4/action press: 51, 52 r. u., 54 o.; Matthieu de Martignac/Maxppp/dpa/Picture-Alliance: 52 o.; Valinco/Sipa: 52 u., 53
**DIE PARISERIN:** Baudouin: 56–65
**VON MYTHEN UND ANDEREN MÄRCHEN:** Andre Limot/AGE/F1online: 66 l. o.; Ed Alcock: 66 r. o.; Beata Komand/Andia/StudioX: 66 l. m.; Peter Rigaud/laif: 66m.; Christopher Anderson/Magnum Photos/Agentur Focus: 66 r. m.; Pierre Michaud/Rapho/laif: 66 l. u., 67 l. o.; Frank Heuer/laif: 66/67 u., 70 r. m.; Pierre Adenis/laif: 66 r., 70 r. o., 70 r. u.; Peer Kugler/Picturetank/Agentur Focus: 67 l. m.; Steeve Iuncker/Agence Vu/Agentur Focus: 70 l. o.; Ed Alcock: 70 l. m.; Catherine Balet: 70 l. u.
**KRIEG DER PALÄSTE:** Eric Martin/Madame Figaro/laif: 72–79
**AÏCHA UND IHRE LEUTE:** Pascal Maitre/Cosmos/Agentur Focus: 82–89
**ZUKUNFT FINDET STADT:** Atelier Castro Denissof Casi: 90/91, 94; Jean Nouvel, Jean Marie Duthilleul et Michel Cantal-Dupart: 93, 95, 96
**DER WALD IN UNSEREM LEBEN:** Pierre Adenis/laif: 98, 103, 105 r.; Michael Stührenberg: 99; Harf Zimmermann: 100/101; Eléonore Henry de Frahan/Argos/Picturetank/Agentur Focus: 102/103, 104, 105 l.; 106; Nathalie Euvrie: 107
**SCHLANGE VERSTEHEN:** Torrione Stefano/Sime/Schapowalow: 108 o.; Ciril Cincet/Picturetank/Agentur Focus: 108/109 u.; Derek Croucher/Corbis: 110/111; Stéphane Compoint: 112; Michael Weber/epd-bild: 113; Peter Adams/Getty Images: 114/115
**DOSSIER:** bridgemanart.com: 119 o.; Jean Vinchon Numismatist Paris/Gianni Dagli Orti/The Art Archive: 119 u.; Interfoto: 120 o.; SuperStock/Getty Images: 120 r.; Erich Lessing/akg-images: 120 u.; Pierre Jahan/Roger Viollet/Getty Images: 121 o.; Sebastien Dufour/Gamma/laif: 121 r.; Loic Venance/AFP/Getty Images: 121 u., 123 l.; Hôtel Relais Saint-Germain: 122; Rene Mattes/mauritius images: 123 m.; Maison de la Pêche et de la Nature: 123 r.; Dutton Colin/SIME-4Corners/Schapowalow: 124 l.; Benoît Tessier/Reuters: 124 m.; Cinetext: 124 r.
**SERVICE:** Sylvain Sonnet/hemis/laif: 127; Frank Heuer/laif: 128, 138; Remy de la Mauviniere/AP Photo: 129; Imago: 130; Kusmi Tea: 131; Gregoire Korganov/AFP/Getty Images: 132; AGE/mauritius images: 133; Karl Johaentges/Look-foto: 134; Pedro Lobo/Picturetank/Agentur Focus: 135; Lois Lammerhuber/Photoagentur Lammerhuber: 137; Giovanni Simeone/SIME-4Corners Images/Schapowalow: 140
**VORSCHAU:** Susana Raab/The New York Times/Redux/laif: 145 o.; Juan Manuel Castro Prieto/Vu/laif: 145 r.; Frank Bauer: 145 u.
**INTERVIEW:** Eric Tournere/LightMediation: 146
**KARTEN/ILLUSTRATIONEN:** Stefanie Peters: 26/27, 39, 49, 80, 88, 107, 129, 131, 133, 134, 136, 139, 140, 142/143; Images.com/Corbis: 54; Getty Images: 99; Apur/JC Choblet: 125

Für unverlangt eingesandte Manuskripte und Fotos übernehmen Verlag und Redaktion keine Haftung.

© GEO 2010, Verlag Gruner + Jahr, Hamburg, für sämtliche Beiträge.

OKTOBER 2010 **Vorschau**

# PERU UND BOLIVIEN

**MACHU PICCHU:** Indiana Jones und die Lamakötel. Oder: Hinter den Kulissen der geheimnisvollen Ruine. **SALAR DE UYUNI:** Frieren, schwitzen, staunen auf dem größten Salzsee der Erde. **LIMA:** Von Ceviche bis Pisco Sour – zu Tisch bei den Meisterköchen Südamerikas. **LA PAZ:** Cholas an die Macht! Boliviens starke Frauen. **CUSCO:** Wie die Hauptstadt der Inka zur Hauptstadt der Backpacker wurde. **MANÚ-NATIONALPARK:** Womit füttert man einen Tapir? **VON NULL AUF 6000:** Warum auch Normalsportliche einen Anden-Giganten besteigen können. **LEUCHTENDER PFAD:** Zu Besuch bei Perus bekanntester Terroristin. **TITICACASEE:** Übernachten auf einer Schilfinsel. **HOTELS:** Die schönsten kolonialen Herbergen unter 100 Dollar. **SANTA CRUZ:** … bei Nacht.

So schön, so grün, so heiß: auf dem Salar de Uyuni, im Tal von Machu Picchu, in den feinen Garküchen der peruanischen Hauptstadt Lima

▶ **DIE ZULETZT ERSCHIENENEN AUSGABEN:**  ▶ **DIE FOLGENDEN AUSGABEN:**

1/2010  2/2010  3/2010

• Himalaya
• Syrien und Jordanien
• Rom

**DAS GEO SPECIAL PERU UND BOLIVIEN
ERSCHEINT AM 6. OKTOBER 2010**

INTERVIEW

## Wie lebt es sich eigentlich als …

# …Bienenzüchter in der Stadt?

**Nicolas Geant,** 42, ist für eine Bevölkerungsexplosion in Paris verantwortlich. Er züchtet Bienen, und das in exklusiver Lage: auf dem Dach des Grand Palais

**Herr Geant, Honig in Paris herstellen, das klingt so, als wolle man Forellen im Abklingbecken eines Atomkraftwerks züchten. Ist denn Stadthonig nicht ungenießbar?**
Ach, im Gegenteil! Jedes Jahr lasse ich ihn untersuchen; das Ergebnis: Großstadthonig ist weniger belastet als Landhonig. In Städten wie Paris sind Fungizide, Insektizide und Pestizide seit Langem verboten. Das Benzin muss bleifrei sein, und wie viele Fabriken gibt es hier noch? Klar, die Luft ist verschmutzt. Aber kein Vergleich zum Land, wo noch immer fröhlich mit der chemischen Keule auf die Felder eingeprügelt wird. Das Gift schadet den Insekten mehr als die Großstadt.

**Ist Paris also ein Paradies für Bienen?**
Und ob! Auch weil die Biodiversität höher ist. Auf dem Land haben Sie drei Dutzend Hektar Weizen und daneben drei Dutzend Hektar Mais, von was sollen sich die Bienen ernähren? In der Stadt hingegen, in den Parks, auf den zahllosen Balkonen, in den mit Akazien, Rosskastanien und Linden bepflanzten Alleen blüht immer etwas, von Frühling bis Herbst.

**Wie viel Honig produziert denn eine Großstadtbiene?**
Das Zwei- bis Vierfache einer Landbiene. Normalerweise können Sie mit einem Stock jährlich bis zu 25 Kilo gewinnen, hier 50 bis 100 Kilo. Was auch daran liegt, dass es in Paris wärmer ist. Bienen, die ab acht Grad Celsius ausfliegen, haben deutlich mehr Zeit zum Nektarsammeln. Folglich gibt es auch immer mehr Imker in der Stadt.

**Ein Trend?**
Wenn ich vor 20 Jahren von meinen Bienen erzählt habe, war ich der Öko-Spinner. Heute kommen Menschen jeden Alters zu mir, denen eines gemeinsam ist: Sie hatten noch nie mit Bienen zu tun, wollen aber einen eigenen Stock besitzen. Kostet 250 Euro, inklusive Volk und Königin. Früher war das ein Hobby für den Opa, und wenn der starb, trat niemand in seine Fußstapfen. Die Trendwende begann vor fünf Jahren. Wer Bienenstöcke hat, hilft dem Planeten, unterhält einen engen Kontakt zur Natur, kann seinen Kindern etwas beibringen – und versorgt nebenbei Familie und Freunde mit Honig. Sogar die Betreiber des Grand Palais haben mich eingeladen, einige Bienenstöcke auf ihrem Dach zu platzieren.

**Ist es denn nicht gefährlich, einen Stock auf seinem kleinen Balkon unterzubringen?**
Ach wo. Meine Stöcke bevölkere ich mit Buckfast-Bienen, einem Ableger der Westlichen Honigbiene. Sie sind produktiv und viel friedlicher als die bei uns heimischen Dunklen Europäischen Bienen. Bei einer Buckfast-Biene können Sie die Waben ohne Schutzkleidung entnehmen. Keinerlei Gefahr also auch für die nicht bienenverrückten Pariser.

DIE FRAGEN STELLTE ARIEL HAUPTMEIER

**Völkerkundler innerhalb der Stadt:**
Nicolas Geant. Seine Bienen fliegen auf die Höhepunkte von Paris – etwa das Grand Palais